Inhalt

Lernwerkstatt EUROPÄISCHE UNION – Bestell-Nr. 11 601
Mehr als nur ein Staatenverbund!
KOHL VERLAG

Inhalt

5.-10. Schuljahr

Gabriela Rosenwald

Lernwerkstatt Europäische Union

Mehr als nur ein Staatenverbund!

Lernen mit Erfolg
KOHL VERLAG
www.kohlverlag.de

Lernwerkstatt Europäische Union

Mehr als nur ein Staatenverbund!

6. Auflage 2024

Inhalt: Gabriela Rosenwald
Umschlagbilder: © Patrick Fischer - wikipedia.org, jorisvo & Eisenhans - fotolia.com
Illustrationen: Gabriela Rosenwald
Redaktion: Kohl-Verlag
Grafik & Satz: Kohl-Verlag
Druck: farbo prepress GmbH, Köln

Bestell-Nr. 11 601

ISBN: 978-3-95686-578-7

Der vorliegende Band ist eine Print-Einzellizenz

Sie wollen unsere Kopiervorlagen auch digital nutzen? Kein Problem – fast das gesamte KOHL-Sortiment ist auch sofort als PDF-Download erhältlich! Wir haben verschiedene Lizenzmodelle zur Auswahl:

	Print-Version	PDF-Einzellizenz	PDF-Schullizenz	Kombipaket Print & PDF-Einzellizenz	Kombipaket Print & PDF-Schullizenz
Unbefristete Nutzung der Materialien	x	x	x	x	x
Vervielfältigung, Weitergabe und Einsatz der Materialien im eigenen Unterricht	x	x	x	x	x
Nutzung der Materialien durch alle Lehrkräfte des Kollegiums an der lizensierten Schule			x		x
Einstellen des Materials im Intranet oder Schulserver der Institution			x		x

Die erweiterten Lizenzmodelle zu diesem Titel sind jederzeit im Online-Shop unter www.kohlverlag.de erhältlich.

Vorwort

Liebe Kolleginnen und Kollegen,

wir sind Deutsche, Franzosen, Italiener, Österreicher, Dänen – aber wir sind auch Europäer, wir gehören zur Europäischen Union.

Der Name „Europäische Union“ ist uns allen geläufig. Doch was genau ist die EU, woraus setzt sie sich zusammen und was bewirkt sie eigentlich? Diese Fragen sollten auch unsere Schüler beantworten können. So erklären diese Kopiervorlagen die Entstehung des Bündnisses und die verschiedenen Organe, geben einen Überblick über die Mitgliedsstaaten, beschreiben Wirtschaft und Aussichten eines der größten Wirtschaftsräume der Welt.

Doch so positiv sich die EU auch darstellt, es gibt auch Schattenseiten. Es gibt Länder, die sich sehr schwer tun, die Anforderungen zu erfüllen. Meist sind es leider finanzielle Aspekte oder Freiheitsrechte, die die Länder in Misskredit bringen. Arme Länder – reiche Länder – wie können sie alle vereint sein?

Wissen, Diskussionen über die Europäische Union, verbunden mit Geografie, soll dieses Heft vermitteln. Unsere Schüler sollen „mündige“ Bürger der EU werden, die ihre Meinung vertreten und begründen können.

Viel Freude und Erfolg beim Einsatz der vorliegenden Kopiervorlagen wünschen Ihnen der Kohl-Verlag und

Gabriela Rosenwald

Bedeutung der Symbole:

- EA – **Einzelarbeit**
- PA – **Partnerarbeit**
- GA – **Arbeiten in kleinen Gruppen**
- GA – **Arbeiten mit der ganzen Gruppe**

Arbeitspass

Name: ______________________________ **Klasse:** __________

Seite	Thema	begonnen	erledigt

I. Die Europäische Union

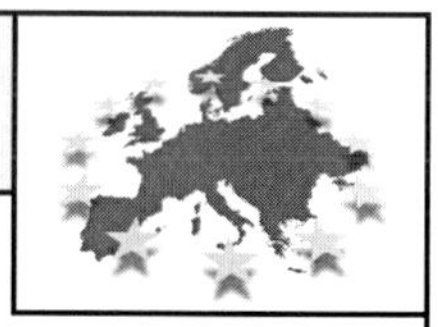

<u>Aufgabe 1</u>: *Was fällt euch zur Europäischen Union ein? Schreibt die Stichworte in das Cluster. Findet zu euren Wörtern weitere Begriffe. Ihr könnt das Schema auch groß an die Tafel schreiben und weiter gestalten.*

GA

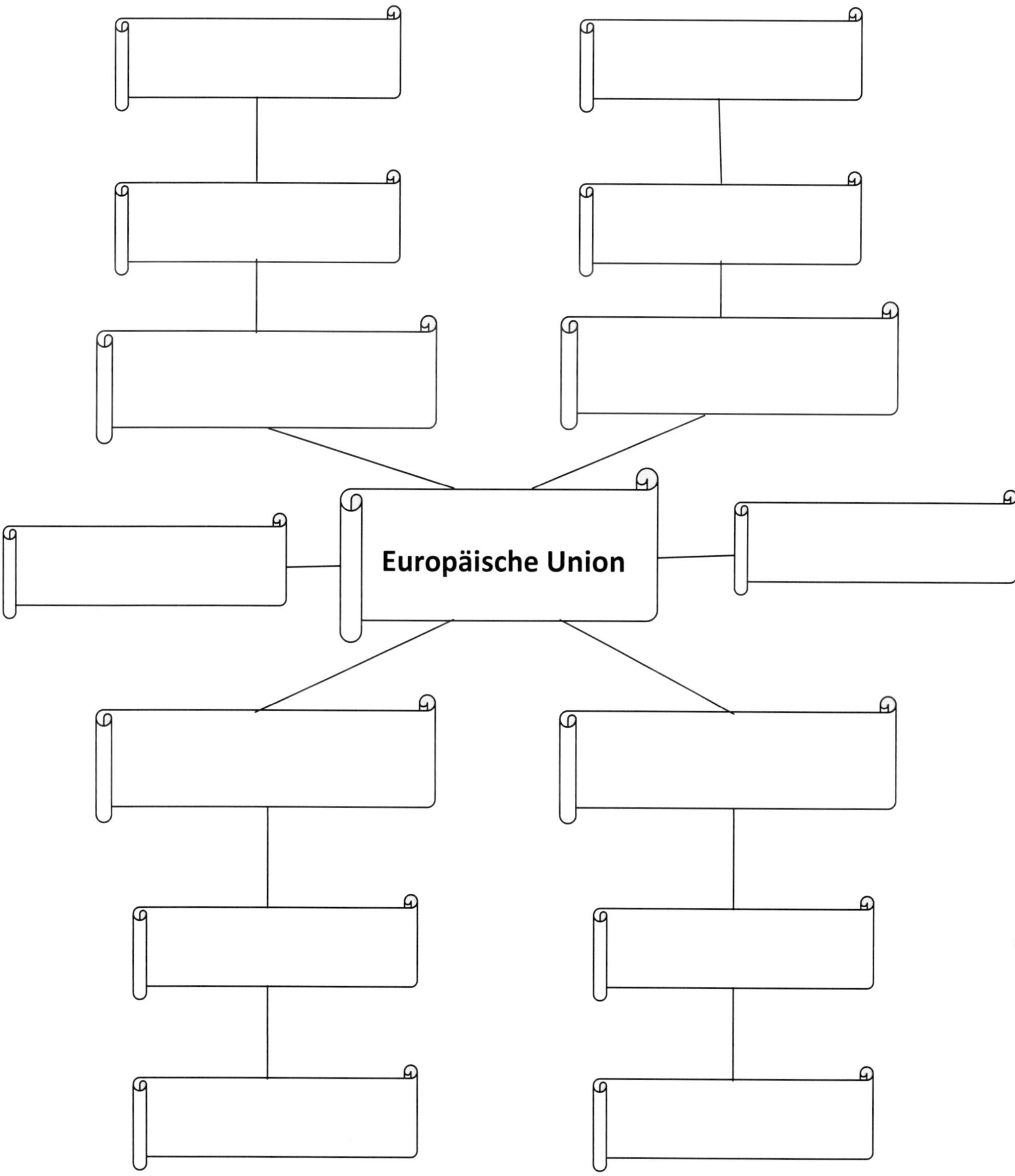

Lernwerkstatt EUROPÄISCHE UNION
Mehr als nur ein Staatenverbund! – Bestell-Nr. 11 601
KOHL VERLAG

I. Die Europäische Union

Die Symbole der Europäischen Union

PA

Aufgabe 2: *Verschiedene Symbole sind mit der Europäischen Union verbunden. Am bekanntesten ist der Kreis der gelben Sterne auf blauem Hintergrund. Hier werden weitere Symbole vorgestellt, z.B. die Hymne und das Motto der EU. Findet ihre Bedeutung heraus, was wollen sie sagen?*

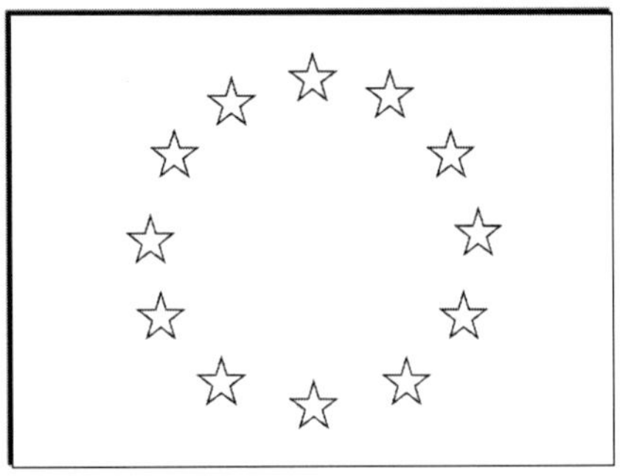

Die Flagge der Europäischen Union

____

____

____

____

Der Europatag

____

____

____

____

Das Motto der Europäischen Union

____

____

____

____

Die Hymne der Europäischen Union

____

____

____

____

II. So entstand die Europäische Union

Der Premierminister von Großbritannien, Winston Churchill, sprach 1945 nach dem Zweiten Weltkrieg erstmals von „einer Art Vereinigte Staaten von Europa“. Nur fünf Jahre später, am 9. Mai 1950, stellte der französische Außenminister Robert Schuman einen ersten Plan vor. Auch der erste Bundeskanzler Deutschlands, Konrad Adenauer, war gleich dabei.

So beschlossen einige Länder Europas ein friedliches und einiges Europa zu schaffen. Daher ist der 9. Mai offiziell „Europatag“, an dem die Europäische Union ihren Geburtstag feiert.

Konrad Adenauer

EA

Aufgabe 1: *Male in jeder Karte die Staaten der EWG – EU farbig an.*

1951 – Gründung der Europäische Gemeinschaft für Kohle und Stahl (EGKS)
Die Europäische Gemeinschaft für Kohle und Stahl waren Beginn und Grundlage für die heutige Europäische Union.

1957 unterzeichneten die Regierungschefs von Belgien, Deutschland, Frankreich, Italien, Luxemburg und den Niederlanden in Rom die so genannten „Römischen Verträge“. Man nannte das Bündnis nun Europäische Wirtschaftsgemeinschaft (EWG).

Diese Vertragsunterzeichnung war die „Geburtsstunde“ der heutigen Europäischen Union.

Bis es mit dem gemeinsamen Europa aber wirklich soweit war, mussten von den Politkern noch viele Verträge und Absprachen ausgehandelt werden.

1973 kamen Dänemark, Großbritannien und Irland zur EU, **1981** trat Griechenland bei, **1986** folgten Spanien und Portugal.

Schließlich unterschrieben die Außen- und Finanzminister der Mitgliedsländer den sogenannten **Vertrag von Maastricht**. 1993 trat er in Kraft.

Mit diesem Vertrag war die **Europäische Union (EU)** gegründet – zwölf Staaten waren damals dabei. Sie einigten sich damit auf eine gemeinsame Wirtschafts- und Finanzpolitik.

II. So entstand die Europäische Union

1995

… kamen drei weitere Staaten hinzu: Österreich, Finnland und Schweden.

2004

… stieg mit der Osterweiterung der EU die Zahl der Mitglieds-Staaten auf 25 an. Hinzu kamen Estland, Lettland, Litauen, Malta, Polen, Slowakei, Slowenien, Tschechien, Ungarn und Zypern.

2007

… wurden es mit dem Beitritt von Rumänien und Bulgarien 27 Mitglieds-Staaten.

2013

… wurde Kroatien das jüngste Mitglied der Staatengemeinschaft, die zu diesem Zeitpunkt 28 Mitglieder zählte.

2020 trat Großbritanien nach 47 Jahren Mitgliedschaft am 31. Januar 2020 aus der Staatengemeinschaft aus (Brexit). Somit sind es aktuell 27 Mitgliedsstaaten.

Lernwerkstatt EUROPÄISCHE UNION
Mehr als nur ein Staatenverbund! – Bestell-Nr. 11 601
KOHL VERLAG

II. So entstand die Europäische Union

EA

Aufgabe 2: *Nenne die jeweils neuen Mitgliedsstaaten und male sie passend an.*

1951	*6 Staaten*		rot
1973	*3 Staaten*		hellblau
1981	*1 Staat*		lila
1986	*2 Staaten*		dunkelgrün
1995	*3 Staaten*		gelb
2004	*10 Staaten*		dunkelblau
2007	*2 Staaten*		orange
2013	*1 Staat*		hellgrün
2020	*1 Staat*		schwarz

Lernwerkstatt EUROPÄISCHE UNION
Mehr als nur ein Staatenverbund! – Bestell-Nr. 11 601
KOHL VERLAG

III. Die Organe der Europäischen Union

Europäisches Parlament

Das Europäische Parlament vertritt die Bürger der Europäischen Union. Seine Mitglieder werden in direkten Wahlen von uns Bürgern gewählt. Das Parlament hat seinen Sitz in Straßburg.
Das Europäische Parlament wirkt an der Gesetzgebung mit. Es ist auch zusammen mit dem Minister-Rat für die Verteilung von Geldern zuständig.

Werden neue Länder in die EU aufgenommen, muss das Europäische Parlament damit einverstanden sein. Die Wahl zum Europaparlament findet seit 1979 alle fünf Jahre statt. Die letzte Wahl erfolgte im Juni 2009. Die nächste Wahl wird im Mai 2014 stattfinden.

Rat der EU (Ministerrat)

Der Rat der Europäischen Union setzt sich aus den jeweiligen „Fachministern" der Mitgliedsstaaten zusammen. Er fasst seine Beschlüsse zusammen mit dem Europäischen Parlament.
Der Rat der Europäischen Union hat seinen Sitz in Brüssel. Der Vorsitzende kommt jedes halbe Jahr aus einem anderen EU-Land. Deutschland stellte 2007 zuletzt den Vorsitzenden. Und diese Länder sind demnächst an der Reihe:

Vorsitz im Rat der EU – Jahr, Land – 1. Halbjahr / 2. Halbjahr			
2014	Griechenland / Italien	2015	Lettland / Luxemburg
2016	Niederlande / Slowakei	2017	Malta / Estland
2018	Bulgarien / Österreich	2019	Rumänien / Finnland
2020	Kroatien / Deutschland	2021	Portugal / Slowenien
2022	Frankreich / Tschechien	2023	Schweden / Spanien
2024	Belgien / Ungarn	2025	

Eine Ausnahme bildet der Rat für Auswärtige Angelegenheiten. Er wählt seit dem Vertrag von Lissabon alle 5 Jahre einen „Hohen Vertreter für Außen- und Sicherheitspolitik". Seit Dezember 2019 übt der Spanier Josep Borrell dieses Amt aus.

III. Die Organe der Europäischen Union

Der Europäische Rat

Résidence Palace in Brüssel

Der Europäische Rat besteht aus den Staats- und Regierungschefs der Mitgliedsstaaten und dem Präsidenten der EU-Kommission. Die Tagungen des Europäischen Rates sind Gipfeltreffen der Staats- und Regierungschefs der EU-Länder, bei denen über allgemeine politische Ziele und wichtige Einsätze entschieden wird. Jedes Jahr finden etwa vier Gipfeltreffen statt, die von einem ständigen Präsidenten geleitet werden. Der „Hohe Vertreter der Union für Außen- und Sicherheitspolitik“ nimmt ebenfalls an den Sitzungen teil. Falls erforderlich, kann der Präsident eine außerordentliche Tagung einberufen. Die Treffen finden seit 2004 meistens im Résidence Palace in Brüssel statt.

Europäische Kommission

Die Europäische Kommission ist ein wichtiges Kontrollorgan der EU mit Sitz in Brüssel. Die Kommissare werden von den Ländern entsandt, je einer pro Mitgliedsland. Die Kommission überwacht die Einhaltung des Europa-Rechts und kann bei Bedarf Klage gegen einen EU-Staat beim Europäischen Gerichtshof einreichen. Außerdem spielt die Kommission eine große Rolle, wenn es um die Beziehung zu anderen Staaten geht. Sie ist ebenfalls an den Verhandlungen mit neuen Beitrittsländern beteiligt. Ursula von der Leyen ist seit 2019 die Präsidentin der Europäischen Kommission und steht 2024 kurz vor ihrer Wiederwahl.

Europäischer Rechnungshof (EuRH)

Der Europäische Rechnungshof besteht aus je einem Vertreter aller Mitgliedsländer der EU und sitzt in Luxemburg. Sie prüfen die Einnahmen und Ausgaben aller EU-Organe. Einmal im Jahr veröffentlichen sie einen Bericht über ihre Arbeit. Die Hauptaufgabe des Europäischen Rechnungshofs besteht darin, einen Bericht über die Verwendung der Mittel der Europäischen Union vorzulegen. Der Bericht wird immer zum 30. November des Folgejahres erstellt.

III. Die Organe der Europäischen Union

Europäischer Gerichtshof (EuGH)

Der Gerichtshof ist für die Auslegung des EU-Rechts zuständig. Er soll garantieren, dass das EU-Recht in allen EU-Mitgliedsstaaten gleich angewendet wird. Außerdem kann der Gerichtshof in Rechtsstreitigkeiten zwischen den Regierungen der EU-Staaten und den EU-Organen entscheiden. Unternehmen oder Organisationen können sich ebenfalls an den Gerichtshof wenden, wenn sie meinen, dass ein Organ der EU ihre Rechte verletzt hat.
Jeder EU-Mitgliedsstaat entsendet einen Richter zum Europäischen Gerichtshof. Dazu stehen dem Gerichtshof der Europäischen Union neun „Generalanwälte“ zur Seite. Deren Aufgabe ist es, öffentlich und völlig unparteiisch zu den Rechtssachen Stellung zu beziehen, mit denen sich der Gerichtshof befasst.
Eine Amtsperiode der Richter und Generalanwälte dauert sechs Jahre und kann verlängert werden. Die Regierungen der EU-Mitgliedsstaaten entscheiden gemeinsam, wen sie für diese Position ernennen möchten.
Der Europäische Gerichtshof hat seinen Sitz in Luxemburg.

Europäische Zentralbank (EZB)

Die Europäische Zentralbank gibt es seit dem 1. Juni 1998. Ihr Sitz ist im Euro-Tower in Frankfurt am Main.
Die Bank arbeitet mit den Zentralbanken aller 27 EU-Länder zusammen, mit denen sie das Europäische System der Zentralbanken (ESZB) bildet.
Die Europäische Zentalbank hat zwei Hauptaufgaben:

- Für Preisstabilität (Inflationskontrolle) zu sorgen, besonders in den Ländern, die den Euro verwenden.
- Die Stabilität des Finanzsystems zu gewährleisten, indem sie für eine entsprechende Beaufsichtigung der Finanzmärkte und -institute sorgt.

Die Zentralbanken der Mitgliedsstaaten müssen sich an die Vorgaben der Europäischen Zentralbank halten. Die EZB hat das alleinige Recht, die Ausgabe von Banknoten innerhalb des Euroraums zu genehmigen, das heißt, sie erlaubt die Herstellung (oder eben nicht).

Lernwerkstatt EUROPÄISCHE UNION
Mehr als nur ein Staatenverbund! – Bestell-Nr. 11 601
KOHL VERLAG

III. Die Organe der Europäischen Union

Der Europarat – der <u>nicht</u> zur Europäischen Union gehört

Der Europarat ist keine Organisation der EU, auch wenn beide die Europa-Flagge und die Europa-Hymne verwenden. Der Europarat ist auch nicht zu verwechseln mit dem Europäischen Rat und dem Rat der Europäischen Union!
Er wurde 1949 von zehn europäischen Ländern gegründet. Bis auf drei Ausnahmen (Vatikan, Weißrussland und Kosovo) gehören mittlerweile alle europäischen Staaten dem Europarat an, also gibt es 47 Mitgliedsländer. Sie setzen sich für die Einheit und Zusammenarbeit aller Nationen Europas ein. Dazu gehören besonders:

- der Einsatz für die Menschenrechte
- die Sicherung demokratischer Grundsätze
- Terrorismusbekämpfung
- Förderung des wirtschaftlichen und sozialen Fortschritts
- Förderung der kulturellen Zusammenarbeit.

Entscheidungen werden vom Ministerkomitee getroffen. Darin sitzen die Außenminister der Mitgliedsstaaten. Der Sitz des Europarats ist die französische Stadt Straßburg.

EA

<u>Aufgabe 1</u>: *Notiere, welche Aufgaben jede Organisation übernimmt und woraus sie besteht. Schreibe in dein Heft.*

a) Europarat

b) Europäischer Rat (Ministerrat)

c) Rat der Europäischen Union

Denkmal für die Menschenrechte vor dem Europapalast in Straßburg

Lernwerkstatt EUROPÄISCHE UNION
Mehr als nur ein Staatenverbund! – Bestell-Nr. 11 601
KOHL VERLAG

III. Die Organe der Europäischen Union

EA

Aufgabe 2: *Sieben wichtige Einrichtungen gehören zur Europäischen Union. Fülle die Felder richtig aus.*

1. Das Europäische Parlament **Sitz in** **Stadt:** ____________________ **Land:** ____________________ **Besteht aus:** ____________________ ____________________ ____________________	**2. Der Europäische Rat** **Sitz in** **Stadt:** ____________________ **Land:** ____________________ **Besteht aus:** ____________________ ____________________ ____________________
3. Der Rat der Europäischen Union (Ministerrat) Sitz **Stadt:** ____________________ **Land:** ____________________ **Besteht aus:** ____________________ ____________________ ____________________	**4. Die Europäische Kommission** **Sitz** **Stadt:** ____________________ **Land:** ____________________ **Besteht aus:** ____________________ ____________________ ____________________
5. Die Europäische Zentralbank **Sitz** **Stadt:** ____________________ **Land:** ____________________ **Besteht aus:** ____________________ ____________________ ____________________	**6. Der Europäische Gerichtshof** **Sitz** **Stadt:** ____________________ **Land:** ____________________ **Besteht aus:** ____________________ ____________________ ____________________
7. Der Europäische Rechnungshof **Sitz** **Stadt:** ____________________ **Land:** ____________________ **Besteht aus:** ____________________ ____________________ ____________________	

III. Die Organe der Europäischen Union

EA

<u>Aufgabe 3</u>: *Schneide die ausgefüllten Kärtchen der vorigen Seite aus und klebe sie untereinander auf ein Blatt. Zu jeder Einrichtung gehört ein Logo, ein Symbol. Die siehst du hier. Schneide sie ebenfalls aus und ordne sie passend zu.*

PARLAMENTUM EUROPAEUM

Europäische Kommission

CONSILIUM

CVRIA

CURIA RATIONUM

EUROPÄISCHE ZENTRALBANK

III. Die Organe der Europäischen Union

PA

Aufgabe 4: *Welches Organ ist wofür zuständig? Erklärt es mit euren Worten.*

Rat der Europäischen Union (Ministerrat)

Die Europäische Kommission

Die Europäische Zentralbank

Das Europäische Parlament

Der Europäische Rat

Der Europäische Gerichtshof

Der Europäische Rechnungshof

IV. Aufgaben der Europäischen Union

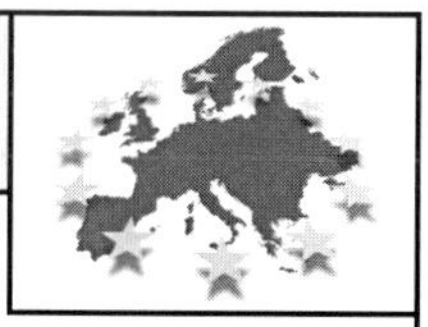

Der Vertrag von Maastricht (1992) begründete die aktuelle Europäische Union mit ihren Tätigkeitsbereichen. Dazu gehören eine Menge verschiedener Aufgaben. Man teilt die Bereiche in drei Säulen:

Die erste Säule umfasst die Europäischen Gemeinschaften (EG). Dazu gehören Bildung und Kultur, Umweltschutz, Forschung, Agrarpolitik (Landwirtschaft), Handel und Finanzen, Transport und Verkehr, Gesundheitswesen. Auch die Europäische Atomgemeinschaft (Euratom) gehört in dieses Gebiet und regelt die Zusammenarbeit im Gebiet der Kernenergie.

Die zweite Säule steht für die gemeinsame Außen- und Sicherheitspolitik (GASP). Zur Außenpolitik gehören die Erhaltung des Friedens, Demokratie und Menschenrechte und die Hilfe für Staaten, die nicht zur EU gehören. Zur Sicherheitspolitik zählen der Kampf gegen den Terrorismus und gemeinsame Truppen.

Die dritte Säule (polizeiliche und justizielle (rechtliche) Zusammenarbeit – PJZS) regelt die polizeiliche Arbeit, die Zusammenarbeit in Gerichtsprozessen, die Einwanderungs- und Asylpolitik sowie den Kampf gegen organisierte Kriminalität (z.B. Menschen- oder Drogenhandel).

EA

Aufgabe 1: *Fülle die Spalten unten richtig aus.*

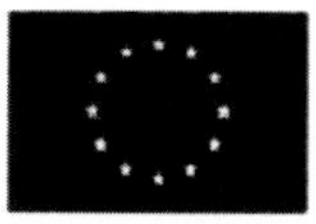

Die Europäische Union

1. Säule	**2. Säule**	**3. Säule**
Name: _______	**Name:** _______	**Name:** _______
Tätigkeiten: _______	**Tätigkeiten:** _______	**Tätigkeiten:** _______
_______	_______	_______
_______	_______	_______
_______	_______	_______
_______	_______	_______
_______	_______	_______
_______	_______	_______
_______	_______	_______
_______	_______	_______
_______	_______	_______
_______	_______	_______
_______	_______	_______

KOHL VERLAG
Lernwerkstatt EUROPÄISCHE UNION
Mehr als nur ein Staatenverbund! – Bestell-Nr. 11 601

V. Die gemeinsame Währung – der Euro

1979 beschlossen Deutschland, Frankreich, Italien, Belgien, die Niederlande und Luxemburg, eine gemeinsame Währung einzuführen. Doch der Euro brauchte einige Jahre, bis er zum Einsatz kam.

Im Vertrag von Maastricht 1992 wurden die Bedingungen für die Währungsgemeinschaft festgelegt. Um den Euro einzuführen, muss der Wert der bisherigen Währung des Landes zwei Jahre lang stabil gewesen sein. Weitere Voraussetzungen gelten in Bezug auf die Zinssätze, das Haushaltsdefizit, die Inflationsrate und die Höhe der Staatsverschuldung.

Am 01.01.2002 wurde das Eurogeld ausgegeben. Der Euro wurde nur in 12 EU-Ländern eingeführt, Großbritannien, Dänemark und Schweden verzichteten.

Als Eurozone werden die EU-Staaten bezeichnet, die den Euro als Währung eingeführt haben. Das sind im Moment 20 EU-Länder. Es gibt noch einige Staaten, die ebenfalls den Euro als Währung nutzen, obwohl sie keine EU-Mitgliedsländer sind: Andorra, San Marino, Vatikan, Montenegro und der Kosovo. Die Länder, die in den Jahren 2004, 2007 und 2013 der EU beigetreten sind, stellen schrittweise auf den Euro um.

EA

Aufgabe 1: *Forsche nach und finde die EU Länder, die (noch) keine Euro-Währung besitzen.*

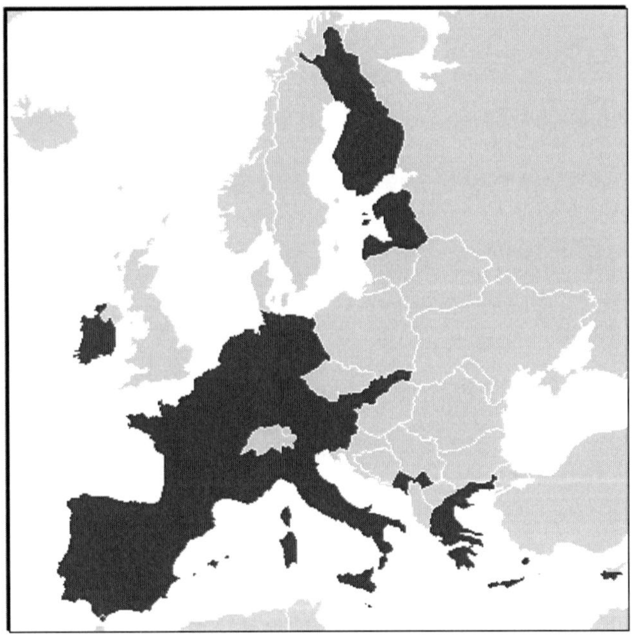

Diese EU-Länder haben den Euro noch nicht eingeführt:

____

____

____

____

____

____

____

____

____

____

EA

Aufgabe 2: *Welche Vorteile hat der Euro ...*

a) *... für die EU-Bürger?* **b)** *... für euch persönlich?*

Lernwerkstatt EUROPÄISCHE UNION
Mehr als nur ein Staatenverbund! – Bestell-Nr. 11 601
KOHL VERLAG

V. Die gemeinsame Währung – der Euro

Die EU und ihre Finanzen

Woher erhält die Europäische Union Geld?

Der Haushalt der Europäischen Union erhält aus verschiedenen Quellen Geld. Jeder Mitgliedsstaat trägt mit einem bestimmten Prozentsatz seines Einkommens zum Haushalt bei. Die EU bezieht ihre Einnahmen aber nicht nur aus diesen Beiträgen, sondern auch aus Einfuhrzöllen auf Waren aus Nicht-EU-Ländern. Außerdem erhält sie einen bestimmten Prozentsatz der Mehrwertsteuer, die die einzelnen Länder erheben.

Die EU gibt etwa 6 % ihres Jahreshaushalts für Personal, Verwaltung und die Instandhaltung ihrer Gebäude aus.

Kein EU-Land ist wie das andere. Daher können sich zum Beispiel das Bruttoinlandsprodukt (BIP) oder das Bevölkerungswachstum von Land zu Land erheblich unterscheiden. Auch verfolgt jedes Land seine eigenen wichtigen Bereiche, zum Beispiel in der Bildungspolitik, Landwirtschaft ...

Was geschieht mit dem Geld?

Aus dem EU-Haushalt werden zahlreiche Maßnahmen finanziert: von der Entwicklung des ländlichen Raums und dem Umweltschutz bis hin zum Schutz der EU-Außengrenzen und der Förderung der Menschenrechte. Über die Höhe des Haushalts und die Zuweisung des Geldes entscheiden die Kommission, der Rat und das Parlament gemeinsam.

Am 21. Juli 2020 nahm der Europäische Rat Schlussfolgerungen zu den Aufbaumaßnahmen, dem MFR 2021-2027 und den Eigenmitteln an. Die Aufbaumaßnahmen in Höhe von 750 Mrd. EUR für die Jahre 2021-2023 wurden gebilligt. Allerdings wurde das Zuschusselement von 500 Mrd. EUR auf 390 Mrd. EUR gekürzt, und das Darlehenselement von 250 Mrd. EUR auf 360 Mrd. EUR erhöht. Der Europäische Rat lehnte die Korrektur des bestehenden MFR für das Jahr 2020 nach oben ab. Die Gesamtobergrenze für Verpflichtungen im MFR 2021-2027 wurde auf 1 074,3 Mrd. EUR festgesetzt, die Programme für Klimaschutz, den digitalen Wandel, Gesundheit, Jugend, Kultur, Infrastruktur und Forschung vorantreiben.

GA

Aufgabe 3: **a)** *Stellt für eure nächste Klassenfahrt einen „Finanzrahmen" auf. Wie viel Geld braucht ihr für die Reise, für Übernachtungen, für Essen und Trinken, für Eintrittsgelder ... ?*

b) *Stellt diese Übersicht in einer Zeichnung dar.*

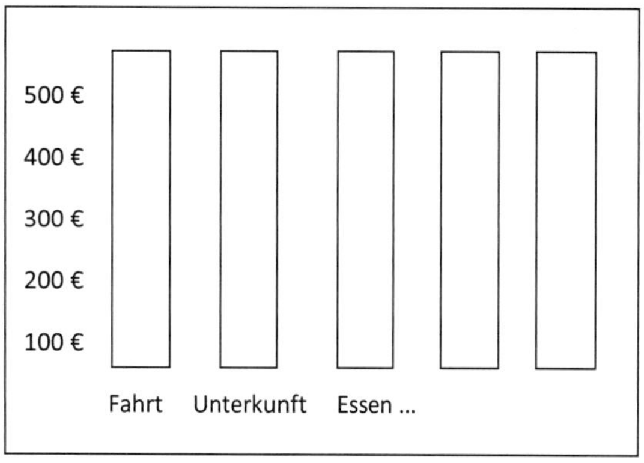

Lernwerkstatt EUROPÄISCHE UNION
Mehr als nur ein Staatenverbund! – Bestell-Nr. 11 601
KOHL VERLAG

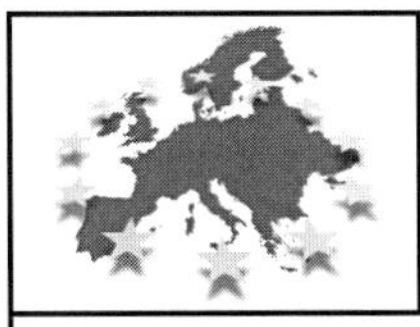

V. Die gemeinsame Währung – der Euro

Einwohner und Wirtschaft

Die Europäische Union (abgekürzt EU) besteht aus einer politischen und wirtschaftlichen Partnerschaft zwischen 27 europäischen Staaten. Die Mitgliedsländer sind selbständige und unabhängige Staaten, die zusammen arbeiten, um international mehr Einfluss und Stärke zu gewinnen, als sie alleine erreichen könnten.

In der EU leben etwa 450 Millionen Menschen auf einer Fläche von mehr als 4 Millionen km² – nach China und Indien die drittgrößte Bevölkerung der Welt. Flächenmäßig ist Frankreich das größte und Malta das kleinste Land der EU.

Die EU hat 2002 die europäische Einheitswährung Euro eingeführt und nach und nach den Binnenmarkt verwirklicht. Das bedeutet, dass sich Menschen, Waren, Dienstleistungen und Kapital in der gesamten EU genauso frei bewegen können wie in einem Staat.

Als Binnenmarkt von 27 Ländern ist die EU eine große Welthandelsmacht. Mit ihrer Wirtschaftspolitik will die EU Wachstum durch Investitionen in Energie und Forschung fördern. Gleichzeitig soll die Umwelt durch die weitere wirtschaftliche Entwicklung möglichst wenig belastet werden.

Die Wirtschaft der EU ist heute – gemessen am Volumen des Waren- und Dienstleistungs-verkehrs (BIP)* – inzwischen wieder kleiner als die Wirtschaft der USA.

BIP der EU 2021: ~ 14,5 Billionen Euro | *BIP der USA 2021: ~ 23,3 Billionen Dollar*
BIP der EU 2022: ~ 15,8 Billionen Euro | *BIP der USA 2022: ~ 25,4 Billionen Dollar*

PA

Aufgabe 4: *Rechnet nach, ob es tatsächlich stimmt, dass die EU ein höheres Bruttoinlandsprodukt hat als die USA! Der Umrechnungskurs liegt ungefähr bei 1 Euro = $ 1,08 Dollar.*

(Hilfe: 1 Billionen hat12 Nullen: 1.000.000.000.000)

**Das Bruttoinlandsprodukt (abgekürzt BIP) bezeichnet den Gesamtwert aller Waren und Dienstleistungen, die in einem Jahr im Land hergestellt wurden und dem Endverbrauch dienen. Es gilt als wichtiger Indikator (Anzeiger) für die Wirtschaftskraft eines Landes.*

VI. Der EU-Binnenmarkt

Schon der EWG-Vertrag von 1957 wollte Handelsschwierigkeiten zwischen den Mitgliedsstaaten abbauen. Dafür waren vier sogenannte „Grundfreiheiten“ nötig: der freie Verkehr von Waren, Dienstleistungen, Kapital und Arbeitskräften in den Ländern der Gemeinschaft.

Besonders wichtig war der Warenverkehr, der Zölle sowie Ein- und Ausfuhrbeschränkungen untersagt. Seit den 1980er Jahren sorgen der Europäische Gerichtshof und die „Einheitliche Europäische Akte“ dafür, dass diese Vorgaben durchgesetzt wurden. So wurde die Gemeinschaft zu einem großen einheitlichen, sogenannten „Binnenmarkt“ ausgebaut.

Diesen gemeinsamen Markt gibt es seit 1993. Er hat dazu geführt, dass die EU heute der größte Wirtschaftsraum der Welt ist. Auf keinem anderen Gebiet arbeitet die Europäische Union so eng zusammen wie in der Wirtschaft.

Der Binnenmarkt hat viele Vorteile. So können EU-Bürger ohne Probleme in einem anderen Mitgliedsland wohnen, studieren, arbeiten oder ein Unternehmen gründen. EU-Bürger und -Unternehmen dürfen ein Bankkonto im europäischen Ausland eröffnen, ein Haus kaufen und Kredite aufnehmen. Ganz wichtig für den gemeinsamen Markt ist, dass die EU-Länder untereinander keine Zölle mehr verlangen.

Stell dir als Beispiel eine deutsche Spielzeugfirma vor: Die kann jetzt ihre Spielsachen nicht mehr nur den rund 80 Millionen Deutschen, sondern allen 500 Millionen EU-Bürgern verkaufen.

Also macht sie mehr Umsatz. Um die größere Nachfrage zu befriedigen, muss sie mehr Spielzeug herstellen. Dafür stellt die Firma neue Mitarbeiter ein – so schafft der Binnenmarkt neue Arbeitsplätze. Gleichzeitig senkt die Firma die Preise. Sonst schnappen ihr andere Firmen aus Europa die Kunden weg. Das ist bei Flügen und Telefongesprächen geschehen. Sie sind seit der Einführung des Binnenmarkts erheblich billiger geworden.

Bestimmte Behörden überwachen, dass sich die Unternehmen nicht absprechen und gemeinsam einen überhöhten Preis festlegen, zu dem dann alle Bürger die Waren kaufen müssen. In Deutschland ist das Bundeskartellamt zuständig. Für die EU regelt das die Europäische Kommission.

GA

Aufgabe 1: *Welche Vorteile bietet der Binnenmarkt für die Bürger der Europäischen Union? Zählt auf.*

___

___

___

VI. Der EU-Binnenmarkt

Der Europäische Binnenmarkt hat nicht nur Vorteile, er bringt auch Nachteile mit sich. Viele große Firmen (z.B. Autofirmen) lassen ihre Produkte in sogenannten Billigländern herstellen. Da die Menschen dort (meist in Osteuropa) einen geringeren Lebensstandard haben, arbeiten sie für weniger Lohn. Die Waren werden zollfrei ins eigene Land zurück transportiert und verkauft. Die Produkte werden dabei aber nicht preiswerter, und so lässt sich hoher Gewinn verbuchen.

GA

Aufgabe 2: *Diskutiert in der Gruppe über folgende Fragen.*

a) Welche Folgen ergeben sich für den deutschen Arbeitsmarkt?

____

____

____

____

b) Warum arbeiten die Leute in den ärmeren Ländern für wenig Geld?

____

____

____

____

c) Hilft es den ärmeren Ländern, wenn die Menschen für einen Billiglohn arbeiten?

____

____

____

VI. Der EU-Binnenmarkt

Ärmere EU-Länder erhoffen sich zwar mehr Wohlstand, wenn sie der EU beitreten, aber sie fürchten auch Preisanstieg und höhere Steuern. Durch die fortschreitende Globalisierung erhalten große Konzerne immer mehr Einfluss, während kleinere Unternehmen, Einzelhändler und Landwirte dem Konkurrenzdruck kaum standhalten können und um ihre Existenz fürchten müssen.

GA **Aufgabe 3:** *Findet Beispiele für kleinere Betriebe, die der Konkurrenz nicht standhalten können.*

____

____

____

____

____

Viele Menschen, besonders aus Afrika und Vorderasien, fliehen vor Kriegen, politischer Verfolgung, Hunger und Armut. Aber sie bekommen kein Asyl oder werden nach kurzer Zeit wieder abgeschoben. Die Europäische Union macht die Grenzen zu anderen Ländern dicht. Sie behauptet, dass Stabilität und Wohlstand in den eigenen Ländern in Gefahr seien, wenn sie noch mehr Flüchtlinge aufnehmen müsste. So versuchen viele Flüchtlinge illegal in ein Land einzuwandern. Doch sie leben am Rande der Gesellschaft in Angst vor Entdeckung. Sie müssen oft total unterbezahlte Jobs annehmen. Sie stehlen oder begehen andere Straftaten, um zu überleben.

GA **Aufgabe 4:** *Überlegt gemeinsam: Welche Lösungen würde es hier geben?*

____

____

____

____

VII. Die Wirtschafts- und Finanzkrise

Seit dem Ausbruch der weltweiten Wirtschaftskrise 2008 haben die Regierungen der EU-Länder, die Europäische Zentralbank und die EU-Kommission reagiert. Sie haben gemeinsam darauf hingearbeitet, Wachstum und Beschäftigung zu fördern, Spareinlagen und bezahlbare Kredite für Unternehmen und Haushalte zu sichern und die Finanzstabilität zu gewährleisten.

Seit vier Jahren (wegen der Corona-Pandemie und wegen der hohen Energiepreise infolge des russischen Angriffs auf die Ukraine) ist der Pakt mit seinen strikten Vorgaben ausgesetzt. Die EU-Kommission hat keine Verfahren wegen zu hoher Staatsschulden eingeleitet.

Dreizehn* Staaten der EU liegen über der 60-Prozent-Grenze. Am höchsten verschuldet sind Griechenland mit 171 Prozent des BIP und Italien mit 144 Prozent. Deutschland steht mit 66 Prozent noch ganz gut da. Im kommenden Jahr müssten die hochverschuldeten Staaten wieder ernsthaft daran gehen, ihre Schulden zu senken, empfiehlt das „European Fiscal Board", ein unabhängiges Beratungsgremium der EU-Kommission.

Wir haben derzeit ein nie dagewesenes hohes Schuldenniveau. Die Höhe an sich mag man nicht als Problem sehen, aber die Aussicht, dass die Schulden ohne einschneidende Reformen in überschuldeten Ländern nicht sinken werden, bereitet der EU Sorgen.

Die hohen Zinsen, die die Kosten der Verschuldung antreiben, treffen die Finanzminister jetzt mit voller Wucht in ihren Haushalten. Der aktuelle deutsche Bundesfinanzminister Christian Lindner teilte kürzlich mit, dass die Finanzierung des Schuldendienstes in diesem Jahr 40 Milliarden Euro verschlingen wird. Im Jahr zuvor waren es nur vier Milliarden Euro, es ist also eine Verzehnfachung.

Italien muss nach Angaben des Finanzministeriums in Rom für die Refinanzierung seiner Schulden im nächsten Jahr satte 100 Milliarden Euro hinblättern.

**Stand April 2024*

Der Europäische Stabilitätsmechanismus (kurz ESM, englisch European Stability Mechanism) ist eine internationale Finanzinstitution mit Sitz in Luxemburg. Er trat am 27. September 2012 mit der Hinterlegung der deutschen Ratifikationsurkunde beim Rat der Europäischen Union in Kraft. Aufgabe des ESM ist es, überschuldete Mitgliedsstaaten der Eurozone durch Notkredite und Bürgschaften zu unterstützen, um deren Zahlungsunfähigkeit zu verhindern. Das maximale Ausleihvolumen des ESM beträgt 500 Milliarden Euro.

EA

Aufgabe 1:

a) *Welche Maßnahmen hat die EU nach 2008 ergriffen?*

b) *Welche Institutionen haben die Maßnahmen beschlossen?*

GA

Aufgabe 2:

Deutschland steht beim ESM mit knapp einem Drittel des Kapitalanteils (ca. 22 Mrd. Euro) ein. Dazu kommt die Haftung (ca. 190 Mrd. Euro). Kann Deutschland durch die massiven Finanzhilfen selbst in Schwierigkeiten geraten? Macht zu diesem Thema eine Umfrage in eurem Verwandten- und Bekanntenkreis. Diskutiert die Pro- und Kontra-Argumente in der Klasse.

VIII. Das Schengener Abkommen

Vor fast 30 Jahren (1985) haben sich Politiker aus Deutschland, Frankreich, Belgien, Luxemburg und der Niederlande in Schengen - einem Ort in Luxemburg - getroffen, um das „Schengener Abkommen" zu unterzeichnen. Es bedeutete, dass die Grenzkontrollen für Personen und Waren zwischen diesen Ländern nach und nach wegfallen sollten. So können Bürger der beteiligten Staaten viel einfacher in andere Länder reisen. Früher gab es in der Urlaubszeit oft lange Staus vor den Grenzen. Die Grenzbeamten kontrollierten jeden Pass und wollten wissen, ob der Reisende etwas zu verzollen hat. Heute wird an diesen Grenzen nur noch vereinzelt kontrolliert.

Das Abkommen sollte schon 1991 in Kraft treten, doch es mussten noch einige Einzelheiten geklärt werden. Der Vertrag trat dann 1995 in Kraft. Weitere Staaten beteiligten sich: Italien, Spanien, Portugal, Griechenland und Österreich. Im Jahr 2001 schlossen sich Dänemark, Schweden, Finnland, Norwegen und Island an.

Als Sicherheitsmaßnahme werden die Außengrenzen der Europäischen Union besonders streng kontrolliert und abgesichert. Zudem arbeiten die polizeilichen Behörden der Schengen-Staaten eng zusammen.

Das „Schengen Informations-System" (SIS) – ein zentrales System – sorgt dafür, dass die Polizei im Land überprüfen kann, ob eine Person in einem anderen Mitgliedsstaat gesucht wird oder sich etwas hat zu Schulden kommen lassen. Darüber hinaus dürfen Polizisten Verbrecher innerhalb des Schengen-Raums auch über die Landesgrenzen hinaus verfolgen.

Die politischen Umwälzungen und Kriege lösen seit Anfang 2011 eine Welle von Flüchtlingsströmen aus Vorderasien und Afrika aus. Viele Menschen sahen keine Zukunft in ihrer Heimat und wanderten aus, um in Europa ein neues Leben zu beginnen. Vor allem über das Mittelmeer wagen sich bis heute immer noch tausende Menschen mit veralteten Booten auf eine lebensgefährliche Reise in Richtung Italien, wo viele auf der kleinen Mittelmeerinsel Lampedusa ankommen. In den Schengen-Staaten ist dadurch die Diskussion über schärfere Kontrollen an den Grenzen der EU-Staaten wieder aufgeflammt.

PA

Aufgabe 1: *Erstellt eine Tabelle, in der ihr alle Vor- und Nachteile des Schengener Abkommens festhaltet.*

Lernwerkstatt EUROPÄISCHE UNION
Mehr als nur ein Staatenverbund! – Bestell-Nr. 11 601
KOHL VERLAG

VIII. Das Schengener Abkommen

Aufgabe 2: *Bildet vier Gruppen zu je 6 Schülern. 2 Gruppen stellen die Politiker vor dem Schengen-Abkommen dar (a), zwei Gruppen sind Politiker aus je 6 Staaten der heutigen Europäischen Union (b).*

a) In jeder Gruppe findet sich ein Politiker aus Deutschland, Niederlande, Belgien, Luxemburg, Frankreich und Italien. Stellt euch die Situation vor dem Schengen-Abkommen 1985 vor.

- Jede Gruppe diskutiert nun, welche Voraussetzungen für das Abkommen getroffen werden müssen.
- Notiert die einzelnen Punkte und tauscht euch dann mit der ganzen Klasse darüber aus. Habt ihr an alles Wichtige gedacht?

b) Die Jahre sind vergangen und viele europäische Staaten haben sich dem Schengen-Abkommen angeschlossen.

- Jeder Schüler der beiden Gruppen sucht sich ein Land aus, dessen Ansicht und Meinung zum Schengen-Abkommen er vertritt. Was ist gut, was müsste verbessert werden?
- Diskutiert und notiert eure Meinung. Sprecht in der Klasse darüber.

Aufgabe 3: *Finde die Schengen-Länder im Silbenrätsel und trage sie in der Tabelle unten ein! Streiche die Silben durch, die du „verbraucht" hast! Denke daran, dass die Schengenländer nicht alle in der Europäischen Union sind!*

Bel – burg – chen – chien – Dä – de – den – der – Deutsch – Est – en – Frank – Finn – gal – garn – gen – gien – Grie – Is – Ita – kei – lan – land – land – land – land – land – land – len – Lett – Li – Liech – lien – Lu – Mal – mark - ne – Nie – nien – nien – Nor – Öster – Po – Por – reich – reich – Schweiz – Schwe – Spa – Slo – Slo – stein – ta – tau – ten – Tsche – tu – Un – wa – we – we - xem

IX. Die Sprachen in der Europäischen Union

In der Europäischen Union leben viele Millionen Menschen aus verschiedenen Ländern. So werden natürlich auch viele verschiedene Sprachen gesprochen. Die EU erklärt, die Sprachenvielfalt zu achten und zu respektieren.

Für die offizielle Kommunikation innerhalb der EU werden derzeit 24 Sprachen verwendet. Sie heißen Amtssprachen. In einigen Ländern sind auch mehrere Amtssprachen zugelassen: In Finnland wird neben Finnisch auch Schwedisch verwendet, in Luxemburg Französisch und Deutsch.

Die am häufigsten verwendeten Sprachen in den EU-Ländern sind Englisch, Deutsch und Französisch. Auch von den Amtssprachen werden in der Europäischen Union vor allem Englisch, Französisch und Deutsch als Arbeitssprachen benutzt. So wird die Verständigung zwischen den Mitarbeitern der europäischen Institutionen erleichtert.

GA

Aufgabe 1: *Findet heraus, wie die Begrüßungen in den verschiedenen Sprachen heißen. Vielleicht habt ihr auch Klassenkameraden, die euch noch weitere Vokabeln beibringen können! (Bitte, Danke, Wie geht es dir, Ich heiße ...) Oder die aus weiteren EU-Staaten kommen und andere Sprachen sprechen.*

Sprache	Guten Tag	Auf Wiedersehen
Englisch		
Französisch		
Griechisch		
Italienisch		
Niederländisch		
Polnisch		
Portugiesisch		
Spanisch		

X. Verträge, Verträge ...

Der Weg zu den römischen Verträgen

Um die EGKS weiter auszubauen, wurde eine Expertengruppe unter Vorsitz des belgischen Außenministers Paul-Henri Spaak eingesetzt. Diese Expertengruppe schlug im April 1956 die Gründung einer Europäischen Wirtschaftsgemeinschaft (EWG) und einer Europäischen Atomgemeinschaft (EURATOM) vor.

Dieser Vorschlag wurde auf der Außenminister-Konferenz von Venedig Ende Mai 1956 grundsätzlich angenommen. Er bildete die Basis für die Römischen Verträge, die am 25. März 1957 in Rom von den Vertretern der sechs Staaten (Außenminister Paul-Henri Spaak, Bundeskanzler und Außenminister Konrad Adenauer, Außenminister Christian Pineau, Ministerpräsident Antonio Segni, Ministerpräsident Joseph Bech und Außenminister Joseph Luns) unterzeichnet werden.

Saal und Konferenzort, in dem 1957 die Römischen Verträge unterzeichnet wurden.

Die Römischen Verträge beinhalten Folgendes:

- Den EWG-Vertrag, mit dem die Europäische Wirtschaftsgemeinschaft errichtet wurde.
- Den EURATOM-Vertrag, mit dem die Europäische Atomgemeinschaft gegründet wurde.
- Das Abkommen über gemeinsame Organe für die Europäischen Gemeinschaften, das festlegte, dass EWG, EURATOM und EGKS eine gemeinsame parlamentarische Versammlung (jetzt Europäisches Parlament), einen gemeinsamen Gerichtshof und einen gemeinsamen Wirtschafts- und Sozialausschuss haben.
- Sie vereinbarten den freien Waren-, Dienstleistungs-, Personen- und Kapitalverkehr sowie eine gemeinsame Handelspolitik.

Die Unterzeichnung der Verträge gilt als Gründungsdatum der Europäischen Union (EU). Die Verträge traten am 1. Januar 1958 in Kraft.

EA

Aufgabe 1: *Welche Länder unterzeichneten die römischen Verträge?*

EA

Aufgabe 2: *Da stimmt etwas nicht! Schreibe die Sätze richtig in dein Heft.*

a) Der niederländische Außenminister Spaak leitete die Expertengruppe, die Vorschläge zum weiteren Ausbau der EGKS erstellen sollte.

b) Die Innenminister-Konferenz Ende Mai 1957 in Venedig fand die Ideen gut.

c) Am 1. April 1959 traten die Römischen Verträge in Kraft.

KOHL VERLAG Lernwerkstatt EUROPÄISCHE UNION Mehr als nur ein Staatenverbund! – Bestell-Nr. 11 601

X. Verträge, Verträge ...

EA

Aufgabe 3: *Ordne die folgenden Verträge der Reihe nach. Nenne zu jedem Ort das Land, in dem er sich befindet. Die nummerierten Kästchen nennen dir ein Lösungswort.*

2007 - Der Vertrag von Lissabon
Der Vertrag von Lissabon ist die Antwort der EU auf wichtige Fragen der Welt im 21. Jahrhundert. So werden Themen wie Sicherheit und Energie, aber auch Klimawandel und Demokratie ganz groß geschrieben. Auch soll er eine Anleitung sein, wie eine Gemeinschaft von 28 Mitgliedsstaaten funktionieren soll.

1957 – Die Römischen Verträge
Die sechs Gründerstaaten einigten sich in Rom auf die Europäische Wirtschaftsgemeinschaft (EWG).

2000 - Der Vertrag von Nizza
Um die Einrichtungen der Europäischen Union schon im Voraus auf die nächste EU-Erweiterung vorzubereiten, wurde der Vertrag von Nizza ausgehandelt.

1986 – Einheitliche Europäische Akte (EEA)
Hierdurch wurde der freie Europäische Binnenmarkt geschaffen sowie die EWG in die EG (Europäische Gemeinschaft) umbenannt. Der Vertrag wurde in Luxemburg unterzeichnet.

1997 - Der Vertrag von Amsterdam
In diesem Vertrag wurden alle bisherigen Bestimmungen der EU ergänzt. So wurden neue Bereiche aufgenommen oder alte erneuert. Das Europäische Parlament erhielt mehr Mitsprache bei wichtigen Entscheidungen.

1992 - Der Vertrag von Maastricht – „Unionsvertrag“
Durch den „Vertrag über die Europäische Union“ wurde die aktuelle „EU“ mit all ihren Tätigkeitsbereichen begründet.

					1	

						2		

					3					

		6							

5	4						

Lösungswort: _ _ _ _ _ _ _

KOHL VERLAG
Lernwerkstatt EUROPÄISCHE UNION
Mehr als nur ein Staatenverbund! – Bestell-Nr. 11 601

X. Verträge, Verträge ...

EA

Aufgabe 4: *Schritt für Schritt hat sich die Europäische Union entwickelt und vergrößert. Hier siehst du wichtige Ereignisse der Geschichte. Notiere zu jedem die Jahreszahl. Lies dazu nochmal die Seiten 8, 9 und 30.*

Anschließend verbindest du die schwarzen Punkte über, unter oder neben den Kästchen in der richtigen Jahresfolge. Was fällt dir ein, wenn du die Form siehst und an die EU denkst?

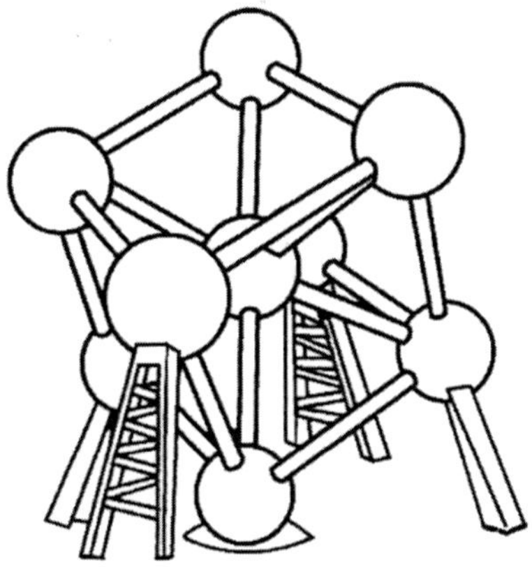

Austritt von Großbritannien aus der EU

Beitritt von Rumänien und Bulgarien, Vertrag von Lissabon

Kroatien tritt der EU bei

Gründung der EKGS

Gründung der EWG, Römische Verträge

Osterweiterung um 10 Staaten

Großbritannien, Irland und Dänemark treten bei

Einführung des Euros

Beitritt von Schweden, Finnland und Österreich

Beitritt von Spanien und Portugal

Beitritt von Griechenland

Gründung der EU durch den Vertrag von Maastricht

Lernwerkstatt EUROPÄISCHE UNION
Mehr als nur ein Staatenverbund! – Bestell-Nr. 11 601
KOHL VERLAG

XI. Die Länder der Europäischen Union

EA

Aufgabe 1: *Nimm einen Atlas oder eine Karte zu Hilfe und notiere die Länder zu den passenden Nummern unten.*

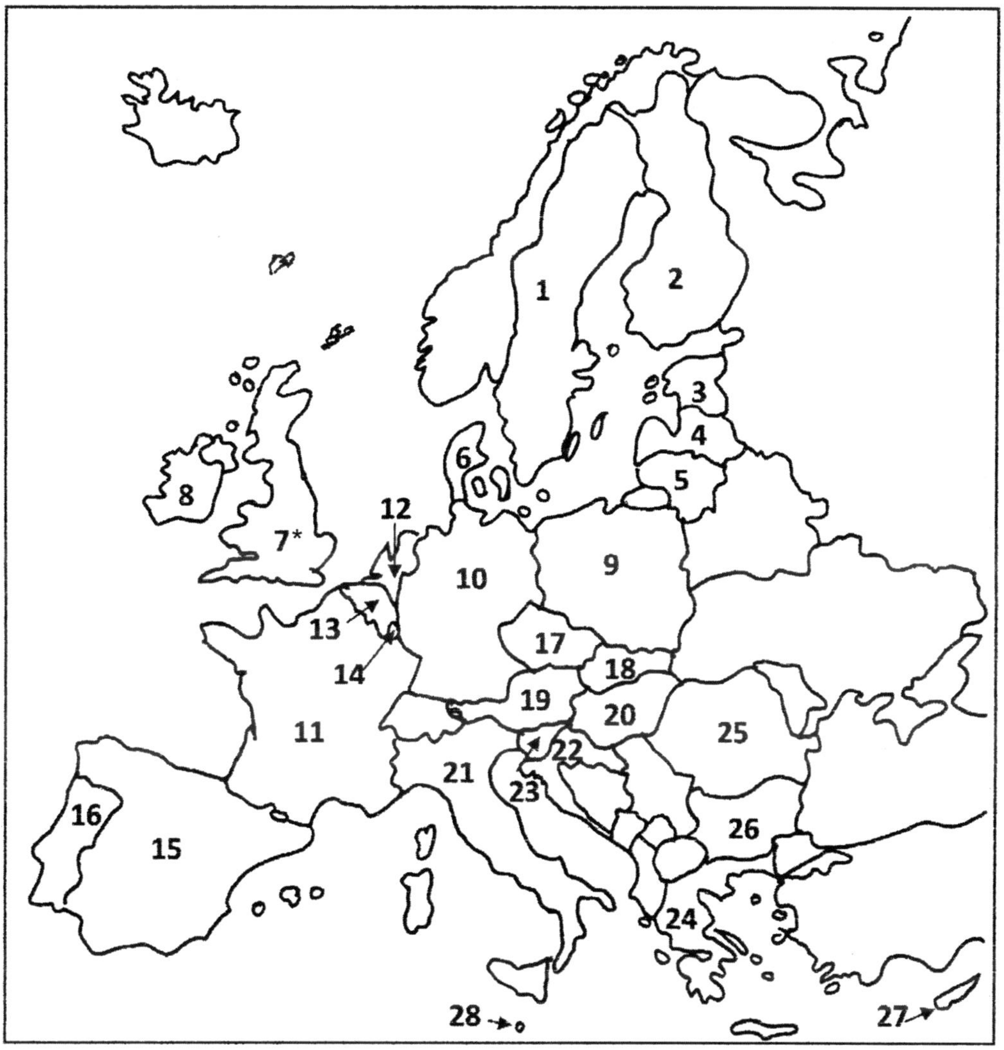

Nr.	Land	Nr.	Land
1		15	
2		16	
3		17	
4		18	
5		19	
6		20	
7*		21	
8		22	
9		23	
10		24	
11		25	
12		26	
13		27	
14		28	

Lernwerkstatt EUROPÄISCHE UNION
Mehr als nur ein Staatenverbund! – Bestell-Nr. 11 601
KOHL VERLAG

Belgien

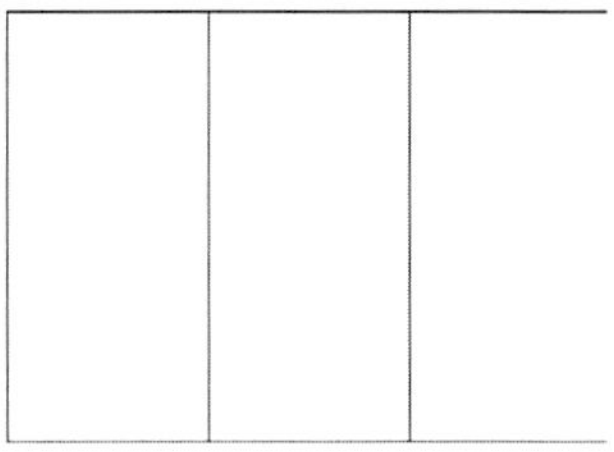

Ländername	Königreich Belgien
Hauptstadt	Brüssel
Fläche	~ 30.500 km²
Einwohner	~ 11 Millionen
Sprachen	französisch, niederländisch, deutsch
Währung	Euro
Beitritt	Gründungsmitglied 1952

Der Vertrag der Gründerstaaten wurde 1951 unterzeichnet und trat 1952 in Kraft.

Belgien hat viel zu bieten: einen 67 Kilometer langen Küstenstreifen sowie flache Küstenebenen entlang der Nordsee, eine Hochebene im Zentrum des Landes sowie die Hügel und Wälder der Ardennen im Südosten. Brüssel, Gent, Brügge und Antwerpen sind alte Universitätsstädte.

Belgien ist für seine Schokolade und seine Waffeln berühmt. Ein Lieblingsgericht der Belgier sind Muscheln mit Pommes frites, die in Belgien erfunden worden sein sollen. Darüber hinaus werden in Belgien mehr als 1000 Biersorten produziert. Die Comicfiguren Tim und Struppi sowie die Schlümpfe stammen ebenfalls aus Belgien.

Brüssel ist Standort vieler internationaler Organisationen: Nicht nur die meisten EU-Institutionen sind dort beheimatet, sondern auch die NATO hat dort ihren Sitz. Weltbekannt ist auch das Atomium, ein riesiges Eisenmolekül. Es wurde zur Expo 1958, der ersten Weltausstellung nach dem Zweiten Weltkrieg, entworfen. Der Ingenieur André Waterkeyn schuf es als Symbol für die friedliche Nutzung von Kernenergie.

EA

Aufgabe 1: *Die Hauptstadt Brüssel ist Sitz von drei wichtigen Organen der Europäischen Union. Nenne sie.*

Lernwerkstatt EUROPÄISCHE UNION
Mehr als nur ein Staatenverbund! – Bestell-Nr. 11 601
KOHL VERLAG

XII. Die Gründerstaaten (1951-1952)

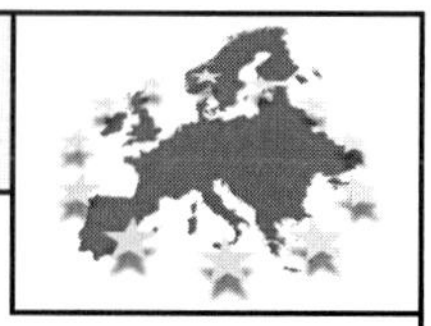

Deutschland

Ländername	Bundesrepublik Deutschland
Hauptstadt	Berlin
Fläche	~ 357.000 km²
Einwohner	~ 84 Millionen
Sprachen	deutsch
Währung	Euro
Beitritt	Gründungsmitglied 1952

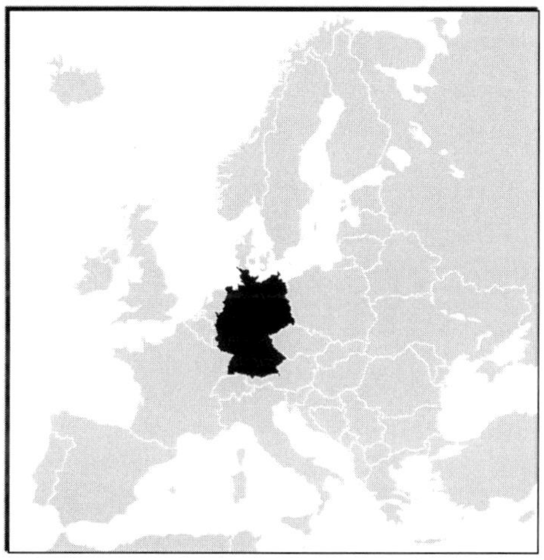

Foto: © Raimond Spekking / CC-BY-SA-3.0 (via Wikimedia Commons)

(Anmerkung: Freie Inhalte fallen nicht unter unsere Nutzungsbedingungen.)

Deutschland ist das bevölkerungsreichste Land der EU. Es erstreckt sich von der Nordsee und Ostsee im Norden bis hin zu den Alpen im Süden und wird von einigen großen Flüssen Europas (Rhein, Donau und Elbe) durchzogen.

Hier werden Kraftfahrzeuge, Produkte der Feinmechanik, elektronisches Zubehör und Kommunikationsausrüstung, chemische und pharmazeutische Erzeugnisse sowie viele andere Produkte hergestellt. Beträchtliche Investitionen deutscher Unternehmen sind in die mittel- und osteuropäischen Länder geflossen, die 2004 der EU beigetreten sind.

Deutschland ist der zweitgrößte Hopfenproduzent der Welt und für sein Bier bekannt. In den Tälern von Mosel und Rhein finden sich zahlreiche Weinanbaugebiete.

Deutschland ist die Heimat von berühmten Komponisten wie z.B. Johann Sebastian Bach, Ludwig van Beethoven und Richard Wagner. Auch Dichter und Denker wie Luther, Goethe, Schiller, Bertolt Brecht und Thomas Mann stammen aus Deutschland.

EA

Aufgabe 2:

a) *In Deutschland gibt es vier Städte, die mehr als eine Million Einwohner haben. Markiere sie oben in der Karte.*

b) *Eine Institution der Europäischen Union befindet sich in Deutschland. Welche ist es? Wo hat sie ihren Sitz?*

XII. Die Gründerstaaten (1951-1952)

Frankreich

Ländername	Französische Republik
Hauptstadt	Paris
Fläche	~ 544.000 km²
Einwohner	~ 68 Millionen
Sprachen	französisch
Währung	Euro
Beitritt	Gründungsmitglied 1952

Frankreich ist das größte EU-Land und erstreckt sich vom Ärmelkanal bis zum Mittelmeer. Die Landschaft umfasst Gebirge im Osten und Süden. Der höchste Berg Europas, der Mont Blanc (4.810 m) liegt in den französischen Alpen. Das Flachland wird von der Seine, der Loire, der Garonne und der Rhône in vier Flussebenen unterteilt.

Zu den wichtigsten Wirtschaftsbereichen gehören der Fahrzeugbau, die Luft- und Raumfahrt, die Informationstechnologie, die Elektronik, chemische und pharmazeutische Erzeugnisse sowie die Modebranche.

Kochen und Essen nimmt in Frankreich eine wichtige Stelle ein. Wir kennen das lange Brot, das Baguette, und die leckeren Croissants. Frankreich ist auch durch Wein und Käse (Camembert) weltbekannt.

Aus Frankreich stammen einige beachtliche Schriftsteller und Philosophen wie z. B. Rousseau, Voltaire , Balzac, Sartre und Camus. Französische Künstler wie Renoir, Monet, Cezanne, Gauguin und Matisse haben ebenfalls unvergessliche Werke geschaffen.

In der Hauptstadt Paris im Louvre findet man eines der berühmtesten Gemälde der Welt: die Mona Lisa. Wahrzeichen von Paris ist der Eiffelturm. In Straßburg ist der Sitz des Europäischen Parlaments, das alle 5 Jahre von den EU-Bürgern gewählt wird.

EA

Aufgabe 3:

a) *Wie heißen die Gebirge, die im Süden und Osten Frankreichs liegen?*

b) *Erkläre, was du unter „Informationstechnologie“ und unter „pharmazeutischen Erzeugnissen“ verstehst.*

Lernwerkstatt EUROPÄISCHE UNION Mehr als nur ein Staatenverbund! – Bestell-Nr. 11 601
KOHL VERLAG

Italien

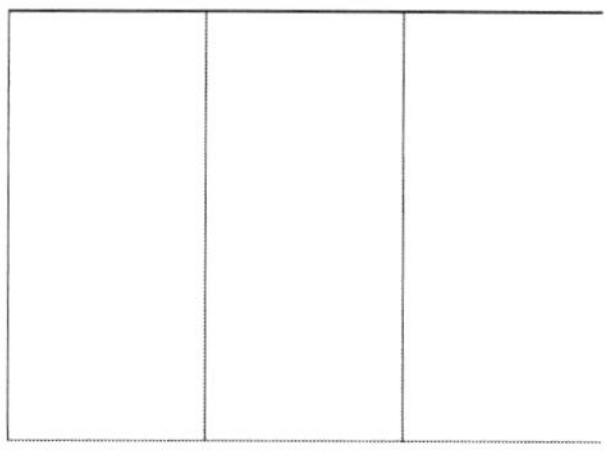

Ländername	Italienische Republik
Hauptstadt	Rom
Fläche	~ 301.000 km²
Einwohner	~ 60 Millionen
Sprachen	italienisch
Währung	Euro
Beitritt	Gründungsmitglied 1952

Außer der Ebene um den Fluss Po im Norden ist die Landschaft in Italien überwiegend bergig. Sie wird vom Apenningebirge durchzogen. Zu Italien gehören die Inseln Sizilien, Sardinien und Elba sowie viele weitere kleinere Inseln. Im Land liegen zwei kleine unabhängige Staaten: Die Vatikanstadt in Rom und die Republik San Marino.

Der Ätna auf der Insel Sizilien ist der höchste Vulkan Europas.

In Venedig fahren Gondeln und Motorboote auf den Kanälen wie anderswo Autos auf den Straßen. Der schiefe Turm von Pisa ist ebenfalls weltberühmt.

Die wichtigsten Wirtschaftszweige des Landes sind Tourismus, Mode, Maschinenbau, chemische Erzeugnisse, Kraftfahrzeuge, Lebensmittel und Wein.

Die italienische Halbinsel war früher der Mittelpunkt des riesigen Römischen Reichs. Der Humanismus des Mittelalters sowie die Renaissance haben in Italien ihren Ursprung. Berühmtheiten wie Dante, Leonardo da Vinci und Galileo vermitteln uns noch heute wichtige Erkenntnisse.

Die italienische Küche zählt zu den besten Europas. Jede Region hat dabei ihre eigenen Spezialitäten. Sie beschränkt sich nicht nur auf Pizza und Pasta, die uns allen bekannt sind!

EA

<u>Aufgabe 4</u>:

a) *Nenne die drei großen Inseln, die zu Italien gehören.*

b) *Im ersten Textabschnitt findest du 13 verschiedene geografische Namen. Bilde Sätze damit. Du kannst in einem Satz mehrere Namen verwenden.*

Lernwerkstatt EUROPÄISCHE UNION
Mehr als nur ein Staatenverbund! – Bestell-Nr. 11 601
KOHL VERLAG

XII. Die Gründerstaaten (1951-1952)

Niederlande

Ländername	Königreich der Niederlande
Hauptstadt	Amsterdam
Fläche	~ 41.500 km²
Einwohner	~ 17,8 Millionen
Sprachen	niederländisch
Währung	Euro
Beitritt	Gründungsmitglied 1952

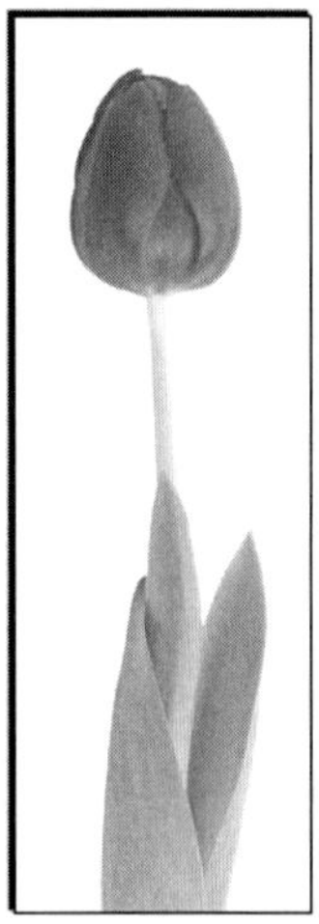

Die Niederlande sind ein tiefliegendes Land: Ein Viertel des Staates liegt auf oder unter Normalnull. Zahlreiche Gebiete werden durch Deiche und Dämme vor Überflutung geschützt, und dem Meer wurde viel Land abgewonnen.

Die Niederlande sind mit etwa 484 Einwohnern pro Quadratkilometer Landfläche ein außerordentlich dicht besiedeltes Land. Dabei leben die meisten Menschen im westlichen Teil des Landes.

Die wichtigsten Industriezweige sind die Lebensmittelverarbeitung, die chemische Industrie und Erdölraffinerie sowie elektrische und elektronische Maschinen. Der Hafen von Rotterdam ist der größte Seehafen in Europa. Das Land ist für den Anbau von Pflanzen und Schnittblumen bekannt. Wenn wir Niederlande hören, denken wir an Gouda, Windmühlen und Tulpen! Und an das berühmte „Holland-Rad“, denn in den Niederlanden ist man viel und gerne mit dem Fahrrad unterwegs.

EA

Aufgabe 5:

a) *Die Hauptstadt der Niederlande ist Amsterdam, der Regierungssitz dagegen ist eine andere Stadt. Welche?*

b) *Vor der Küste liegen 5 westfriesische Inseln in der Nordsee, wo man herrlich Urlaub machen kann. Nenne ihre Namen.*

Luxemburg

Ländername	Großherzogtum Luxemburg
Hauptstadt	Luxemburg
Fläche	~ 2600 km²
Einwohner	~ 660.000
Sprachen	luxemburgisch, französisch, deutsch
Währung	Euro
Beitritt	Gründungsmitglied 1952

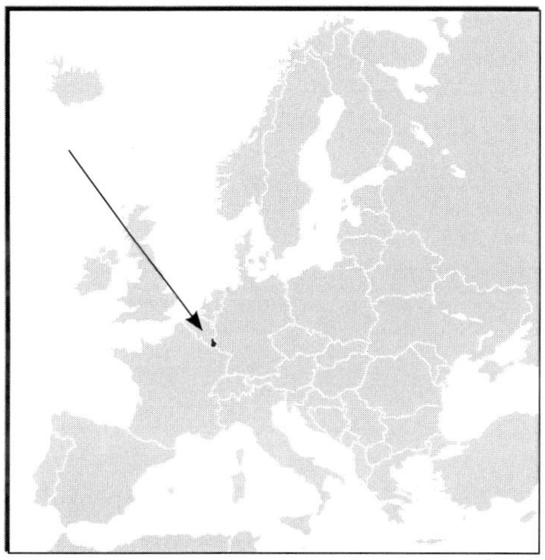

Luxemburg ist ein kleines Land, das von Belgien, Frankreich und Deutschland umgeben ist.

Die Landschaft ist hügelig und von Wäldern geprägt. Es gliedert sich in drei Landkreise: Diekirch, Grevenmacher und Luxemburg.

Seinen Namen hat Luxemburg von der Burg „Lucilinburhuc". Diese wurde im Jahr 963 von Graf Siegfried erbaut. In den folgenden Jahren wurde die Burg zu einer großen Festungsanlage ausgebaut und schließlich entstand daraus das Land Luxemburg.

Bald darauf begannen fremde Mächte in Luxemburg zu herrschen: Spanier, Franzosen, Österreicher und Preußen ließen sich nieder. Erst 1867 wurde Luxemburg als selbstständiges Großherzogtum anerkannt.

Die Hauptwirtschaftszweige sind der Banken- und Versicherungssektor sowie die Stahlindustrie. Außerdem spielt Luxemburg Stadt eine wichtige Rolle für die EU: So befinden sich dort der Europäische Gerichtshof und der Europäische Rechnungshof.

EA

Aufgabe 6: *Im kleinen Ort Schengen in Luxemburg wurde ein wichtiges Abkommen geschlossen.*

a) Wie heißt es?

b) Wann war das?

c) Was besagt es?

XII. Die Gründerstaaten (1951-1952)

EA

Aufgabe 7:

a) *Male die Gründerstaaten der Europäischen Union rot an.*

b) *Notiere die Namen zu den richtigen Nummern.*

c) *Schreibe die Hauptstädte der Länder auf.*

d) *Welches Gründerland ist kein Nachbar von Deutschland? Markiere es in der Tabelle gelb.*

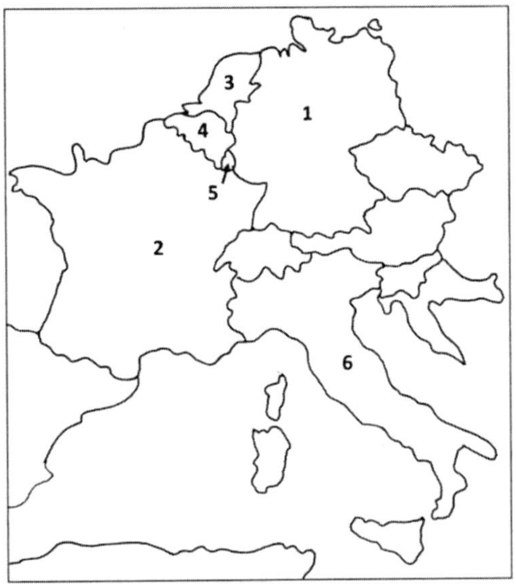

Nr.	Land	Hauptstadt

EA

Aufgabe 8: *Im Buchstabengitter findest du weitere 12 Städte der Gründerstaaten. Markiere sie und ordne sie dem richtigen Land in der Tabelle zu.*

M	Ü	N	C	H	E	N	K	U	L	O	N	R
A	G	E	N	S	V	E	N	E	D	I	G	O
R	M	A	D	U	I	S	B	U	R	G	I	T
S	A	F	O	L	A	D	A	R	N	E	J	T
E	I	R	O	T	N	I	Z	Z	A	N	E	E
I	L	B	R	S	D	W	U	M	S	T	O	R
L	A	N	T	W	E	R	P	E	N	L	G	D
L	N	A	D	E	N	H	A	A	G	P	I	A
E	D	Y	S	C	H	E	N	G	E	N	U	M

Deutschland	Frankreich

Belgien	Niederlande

Italien	Luxemburg

KOHL VERLAG Lernwerkstatt EUROPÄISCHE UNION Mehr als nur ein Staatenverbund! – Bestell-Nr. 11 601

XIII. Die erste Erweiterung (1973)

Dänemark

Ländername	Königreich Dänemark
Hauptstadt	Kopenhagen
Fläche	~ 43.000 km²
Einwohner	~ 6 Millionen
Sprachen	dänisch
Währung	Dänische Krone (1 Euro ~ 7,5 DKK)
Beitritt	1973

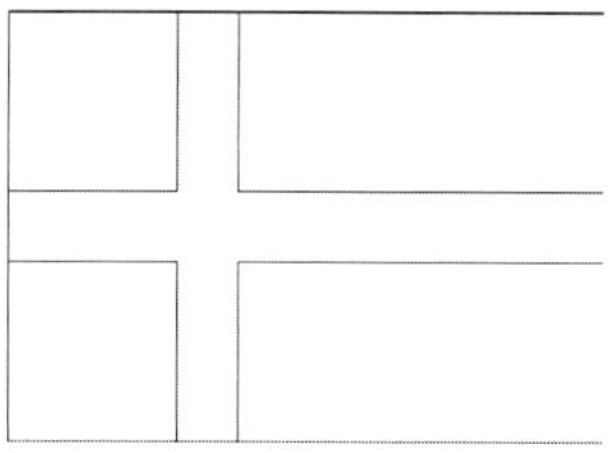

Die kleine Meerjungfrau

Das Königreich Dänemark besteht aus drei Teilen: Dänemark, Färöer und Grönland. Grönland ist die größte Insel der Welt. Zu Dänemark gehören über 400 Inseln, aber nur etwa 70 sind bewohnt. In der Nordsee stehen viele Windkrafträder zur Stromerzeugung.

In Dänemark spielt die Fischindustrie eine große Rolle, und das Land verfügt über eine beachtliche Fischereiflotte. Weitere wichtige Wirtschaftszweige sind Nahrungsmittel, Chemikalien, Maschinen, Metallwaren, Elektronik, Bier, Papier und Holzprodukte. Auch der Tourismus zählt dazu. Zu den Spezialitäten der dänischen Küche gehört das smørrebrød, eine Art belegtes Brot.

Kopenhagen

Jeder kennt die Geschichte der kleinen Meerjungfrau vom dänischen Märchendichter Hans Christian Andersen. Und sicher kennst du Legosteine. Sie kommen auch aus Dänemark.

EA

Aufgabe 1:

a) *Aus welchen Staatsteilen besteht Dänemark?*

b) *Auf welcher Insel Dänemarks liegt der Hauptteil der Hauptstadt Kopenhagen?*

c) *Betrachte die Karte – zwischen welchen Meeren liegt Dänemark?*

d) *Gestalte ein Bild von der kleinen Meerjungfrau.*

Lernwerkstatt EUROPÄISCHE UNION
Mehr als nur ein Staatenverbund! – Bestell-Nr. 11 601
KOHL VERLAG

XIII. Die erste Erweiterung (1973)

Irland

Ländername	Irland
Hauptstadt	Dublin
Fläche	~ 70.000 km²
Einwohner	~ 5,1 Millionen
Sprachen	irisch, englisch
Währung	Euro
Beitritt	1973

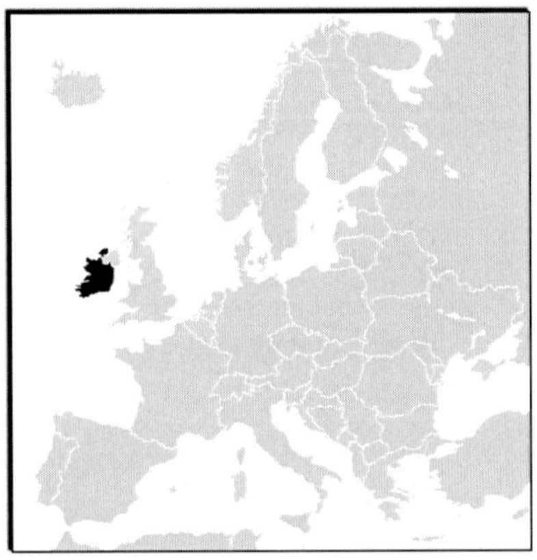

Das Land besteht hauptsächlich aus Tiefebenen, die von niedrigen Hügelketten und großen Sümpfen und Seen unterbrochen werden. Im Westen findet man Küstengebirge. Fast ein Drittel der Bevölkerung lebt in Dublin. Irland wird auch die „Grüne Insel“ genannt, weil es dort so viele Wiesen gibt. Das Land ist für seine Musik, seine Sagen und Erzählungen bekannt.

Kelten kamen vermutlich um 600 vor Christus nach Irland, ab dem 8. Jahrhundert lebten auch die Wikinger auf der Insel.

Ein wichtiger Wirtschaftszweig ist die Landwirtschaft und die Fischerei. Rund um den Fluss Shannon entsteht immer mehr Tourismus. Aber auch viele ausländische Firmen haben in Irland Niederlassungen eröffnet. Bekannt ist Irland ebenfalls für seinen Whisky.

Irland war von der Weltfinanzkrise und der folgenden Euro-Krise besonders hart betroffen. Das Land hat Geld aus dem Rettungsschirm der EU erhalten, sich aber finanziell weitestgehend erholt und den Rettungsschirm wieder verlassen.

Ein bekanntes Gericht ist das Irish Stew, ein Eintopf aus Lammfleisch, Kartoffeln, Zwiebeln und Petersilie, manchmal werden auch Möhren oder verschiedene Kräuter hinzu gegeben.

EA

Aufgabe 2:

a) *Was erinnert heute in Irland noch an die Kelten?*

b) *Was trieben die Wikinger auf der Insel?*

c) *Was lockt, deiner Meinung nach, Touristen auf die „Grüne Insel“?*

Lernwerkstatt EUROPÄISCHE UNION
Mehr als nur ein Staatenverbund! – Bestell-Nr. 11 601
KOHL VERLAG

XIII. Die erste Erweiterung (1973)

Großbritannien

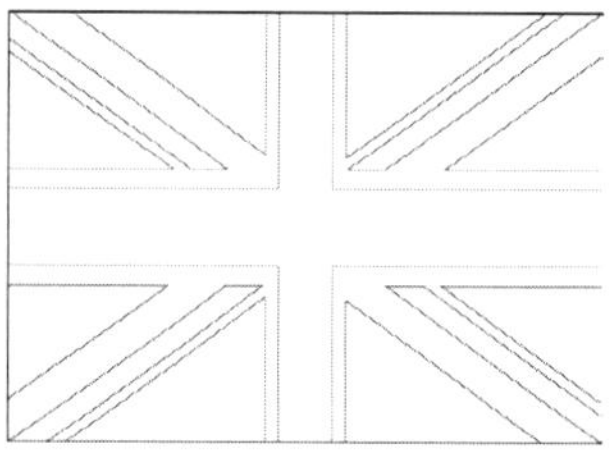

Ländername	Vereinigtes Königreich Großbritannien & Irland
Hauptstadt	London
Fläche	~ 245.000 km²
Einwohner	~ 62 Millionen
Sprachen	englisch
Währung	Pfund / 1 Pfund ~ 1,20 Euro
Beitritt	1973
Austritt	2020

Westminster Abbey

Big Ben

Das Vereinigte Königreich besteht aus England, Wales und Schottland (die zusammen Großbritannien bilden) und Nordirland. Großbritannien ist der größte Inselstaat Europas. Seine Landschaft umfasst felsige Küstenstreifen, Hoch- und Tiefebenen sowie viele Inseln vor der Küste Schottlands. Der höchste Berg, der Ben Nevis, befindet sich in Schottland. Genau wie Loch Ness, der See, in dem das geheimnisvolle Ungeheuer Nessie leben soll.

Die Hauptstadt London liegt an der Themse. Darüber spannt sich die Tower Bridge.

Die Wirtschaft des Landes war eine der stärksten in der EU. Ihr Schwerpunkt verlagert sich immer mehr auf den Dienstleistungssektor, wobei aber auch die High-Tech-Industrie und andere Sektoren nach wie vor eine wichtige Rolle spielen. London ist eines der größten Finanzzentren der Welt und ist im Februar 2020 offiziell aus der EU ausgetreten (Brexit).

Tower Bridge

Viele große Wissenschaftler und Ingenieure wie Isaac Newton und Charles Darwin stammen aus Großbritannien, wo die industrielle Revolution ihren Anfang nahm.

Mr. Bean, die Beatles und Harry Potter stammen aus England. Ein bekanntes Essen ist Chips mit Fish, was bei uns Pommes frites mit Fisch bedeutet. Die Engländer genießen sie mit Essig.

PA

Aufgabe 3: *In London gibt es viele berühmte Bauwerke und Sehenswürdigkeiten. Sammelt Bilder und stellt eine Kollage über die Stadt zusammen! (z.B. Big Ben, Buckingham Palace, Downing Street No 10, Westminster Abbey, Madame Tussauds ...)*

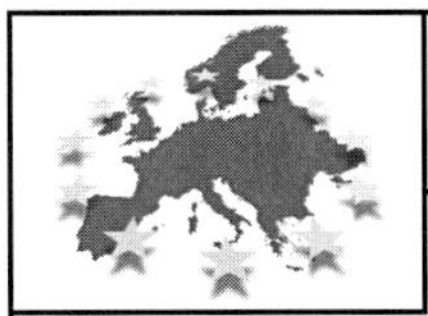

XIV. Die zweite Erweiterung (1981)

Griechenland

Ländername	Hellenische Republik
Hauptstadt	Athen
Fläche	~ 132.000 km²
Einwohner	~ 10,5 Millionen
Sprachen	griechisch
Währung	Euro
Beitritt	1981

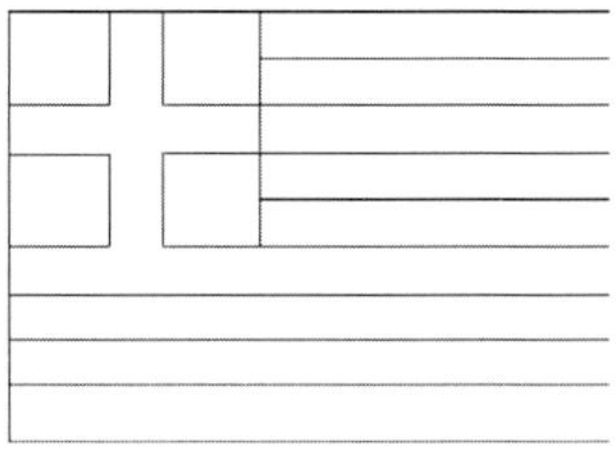

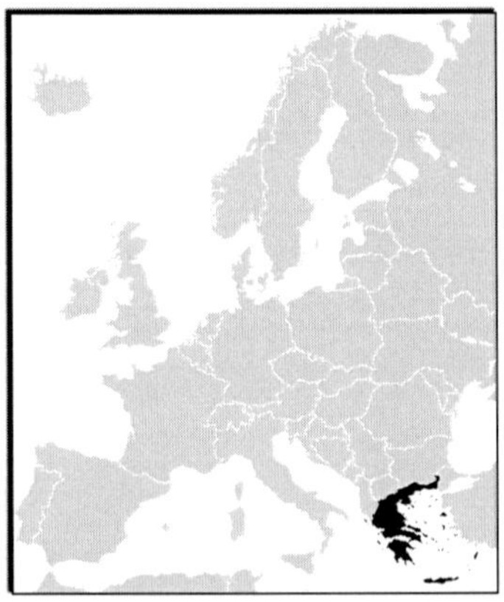

Dort wo Europa und Asien aufeinander treffen, bildet Griechenland den südlichsten Zipfel der Balkanhalbinsel in Südosteuropa. Das Gebiet Griechenlands umfasst über 2000 Inseln im Ägäischen und Ionischen Meer, von denen nur ein kleiner Teil bewohnt ist. Die größte griechische Insel ist Kreta. Der Olymp ist die höchste Erhebung des Landes, dort soll der Göttervater Zeus residiert haben.

Über die Hälfte der griechischen Industrie ist im Großraum Athen angesiedelt, die wichtigsten Wirtschaftsbereiche des Landes sind Landwirtschaft, Tourismus, Baugewerbe und Schifffahrt.

Die griechischen Gelehrten des Altertums brachten die Philosophie, Medizin, Mathematik und Astronomie weit voran. Die Stadtstaaten spielten eine Vorreiterrolle bei der Entstehung der Demokratie. Das historische und kulturelle Erbe Griechenlands ist auch heute noch für die Welt von Bedeutung. Im Jahre 776 v. Chr. fanden hier zum ersten Mal die Olympischen Spiele statt.

Der Staat ist seit einigen Jahren in arger Geldnot. Es hat von der Europäischen Union Geld aus dem „Rettungsschirm“ erhalten, um die Staatspleite zu vermeiden. Das Land und seine Bürger müssen immern noch sparen. Trotzdem, dass sich die Griechen sehr bemühen und viele Maßnahmen bereits umgesetzt haben, ist Griechenland immer noch das am höchsten verschuldete Mitglied der Europäischen Union (Stand 2024).

EA

Aufgabe 1: **a)** *Griechenland gilt im Moment als „Sorgenkind“ Europas. Warum?*

b) *Nenne 3 bekannte Wissenschaftler des antiken Griechenlands.*

XV. Die dritte Erweiterung (1986)

Portugal

Ländername	Portugiesische Republik
Hauptstadt	Lissabon
Fläche	~ 92.000 km²
Einwohner	~ 10,4 Millionen
Sprachen	portugiesisch
Währung	Euro
Beitritt	1986

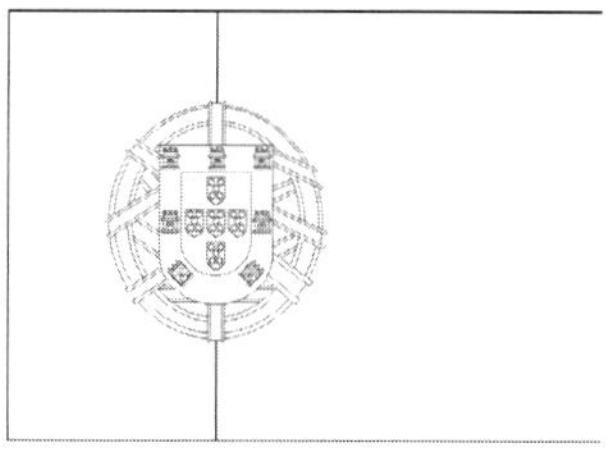

Lissabon

Portugal ist der südwestlichste Staat Europas, direkt am Atlantik auf der Iberischen Halbinsel gelegen.

Portugals Geschichte ist von Seefahrern und Entdeckern geprägt. Das Land liegt auf der iberischen Halbinsel an der Atlantikküste.

Portugal ist sowohl Export- als auch Importland. Exportiert werden vor allem Maschinen, chemische Produkte, Schuhe, Bekleidung, Kork und Papierprodukte. Importiert werden dagegen Maschinen, Fahrzeuge, Ölprodukte sowie Landwirtschaftsprodukte.

Auch Portugals Wirtschaft hatte im Zuge der weltweiten Wirtschafts- und Finanzkrise mit schmerzhaften Einbrüchen zu kämpfen, die das Land in eine Schuldenkrise stürzte.

So erhält Portugal seit Mai 2011 Finanzhilfen von der EU und dem Internationalen Währungsfonds (IWF), Der Kredit wird in Raten ausgezahlt, nach vierteljährlichen Fortschrittsberichten und nach Zustimmung der Europäische Kommission, der Europäische Zentralbank und dem Internationalen Währungsfond.

EA

Aufgabe 1: *Zu Portugal gehören die Azoren und Madeira. Finde heraus, wo die Inseln liegen. Gehören auch diese Inselgruppen zur Europäischen Union? Berichte.*

XV. Die dritte Erweiterung (1986)

Spanien

Ländername	Königreich Spanien
Hauptstadt	Madrid
Fläche	~ 506.000 km²
Einwohner	~ 47,4 Millionen
Sprachen	spanisch
Währung	Euro
Beitritt	1986

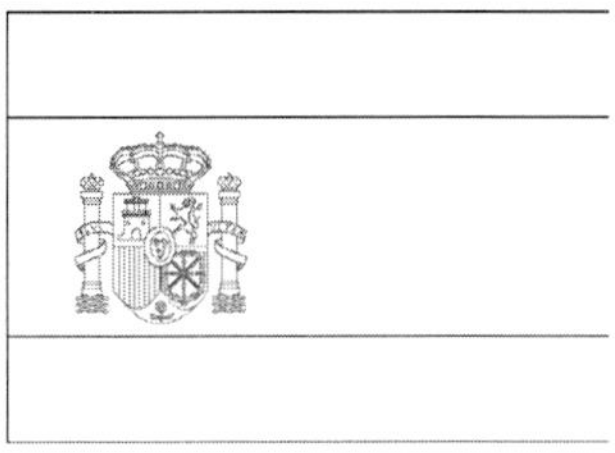

Plaza Castilla in Madrid

Spanien liegt auf der Iberischen Halbinsel im Südwesten Europas und ist umgeben vom Atlantik im Norden und dem Mittelmeer im Süden. Die Pyrenäen und die Sierra Nevada beherrschen das spanische Festland. Die ebenfalls zu Spanien gehörenden Balearen liegen vor der Küste im Mittelmeer und die Kanarischen Inseln vor der afrikanischen Küste.

Neben dem gut entwickelten Dienstleistungssektor und dem verarbeitenden Gewerbe spielen in Spanien die Landwirtschaft (besonders der Obst-, Gemüse-, Oliven- und Weinanbau) sowie der Tourismus eine wichtige Rolle. Spanien ist ein sehr beliebtes Urlaubsland. Nicht nur die Mittelmeerküste mit den Orten Barcelona, Alicante, Valencia und Malaga sind gern besuchte Ziele, auch die Inseln Mallorca, Menorca und Formentera im Mittelmeer locken viele Urlaubsgäste an.

1492 entdeckte Columbus für den spanischen König einen neuen Erdteil – Amerika.

Spanien hat sich nach und nach vom Agrarland zu einer Industrienation entwickelt, leidet jedoch unter der weltweiten Wirtschaftskrise. Auch in Spanien herrschte daher akute Geldnot. Das Land erhielt über 40 Milliarden Euro Hilfskredite, hat aber den Rettungsschirm 2013 wieder verlassen.

EA

Aufgabe 2: *Der südlichste Zipfel Spaniens ist Gibraltar, ein flaches, sandiges Gebiet, in dem der bekannte Felsen von Gibraltar steht. Es gibt zwei erwähnenswerte Dinge von dort zu berichten. Forsche nach.*

XVI. Die vierte Erweiterung (1995)

Österreich

Ländername	Republik Österreich
Hauptstadt	Wien
Fläche	~ 84.000 km²
Einwohner	~ 9,1 Millionen
Sprachen	deutsch
Währung	Euro
Beitritt	1995

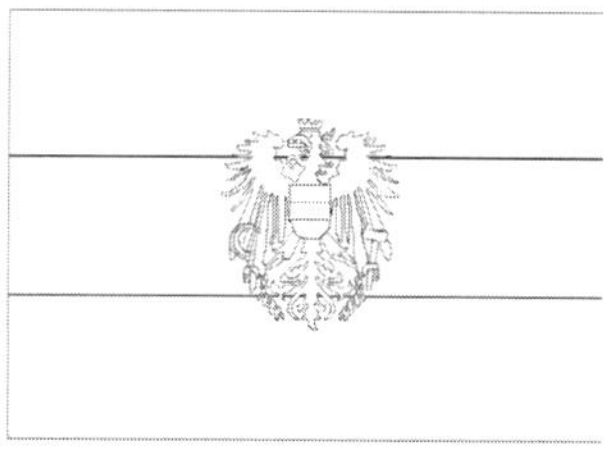

Zwei Drittel des Landes liegen in den Alpen, dem größten Gebirge Europas. Die östlichen Provinzen – einschließlich der Hauptstadt Wien – liegen im Donaubecken. Österreich bietet eine schöne Landschaft und im Winter viel Schnee. Es ist so im Sommer und im Winter ein sehr beliebtes Urlaubsziel. Die Hauptstadt Wien liegt an der Donau, die durch 10 europäische Länder fließt und dabei 4 Hauptstädte passiert. Auch der Wiener Prater mit seinem Riesenrad und die Fiaker, die Pferdegespanne, sind berühmt. Eines aber lieben die Österreicher besonders, das sind die gemütlichen Kaffeehäuser. Österreichs Küche bietet Spezialitäten wie Wiener Schnitzel und Sachertorte, die inzwischen weltbekannt sind.

Aus Österreich kommen viele bekannte Komponisten wie Mozart, Haydn, Franz Schubert und Johann Strauß. In der Welt der Dichter und Denker gibt das Werk Siegmund Freuds immer noch Anlass zu Diskussionen. Die Gemälde Gustav Klimts aus dem späten 19. und frühen 20. Jahrhundert genießen Weltruhm.

Die Wirtschaft Österreichs ist sowohl industriell als auch landwirtschaftlich geprägt, aber auch der Tourismus stellt eine wichtige Einnahmequelle dar.

EA

Aufgabe 1: *Schau auf eine Karte und nenne ...*

a) *... den höchsten Berg Österreichs.*
b) *... den größten See Österreichs.*
c) *... fünf große Städte in Österreich.*

XVI. Die vierte Erweiterung (1995)

Finnland

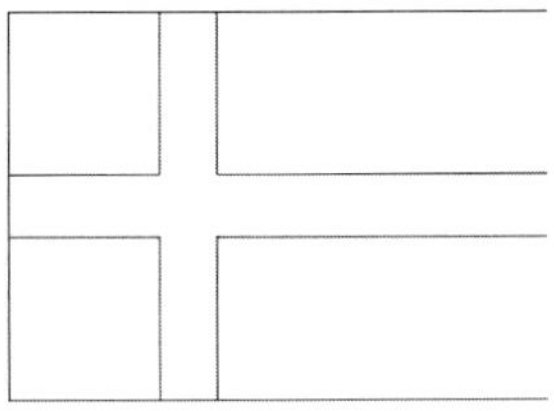

Ländername	Republik Finnland
Hauptstadt	Helsinki
Fläche	~ 338.000 km²
Einwohner	~ 5,4 Millionen
Sprachen	finnisch, schwedisch
Währung	Euro
Beitritt	1995

Mit seinen zahlreichen Wäldern und Seen ist Finnland für die Schönheit seiner unberührten Natur bekannt. Das Land ist das nördlichste der EU und das am dichtesten bewaldete Land Europas. Dazu nennt man es auch „Land der 1000 Seen".

Das Land verfügt über eine moderne und wettbewerbsfähige Wirtschaft und ist im Bereich Telekommunikationsausrüstung weltweit führend. Zu den wichtigsten Ausfuhrgütern gehören weiterhin Maschinenbauerzeugnisse, Papier, Faserstoffe und Nutzholz, Glaswaren, rostfreier Stahl und Keramik. Zu den traditionellen Spezialitäten gehören Fisch (insbesondere Lachs) sowie Rentierfleisch. Finnland gehört zu den wohlhabenden Ländern innerhalb der Europäischen Union.

Schweden

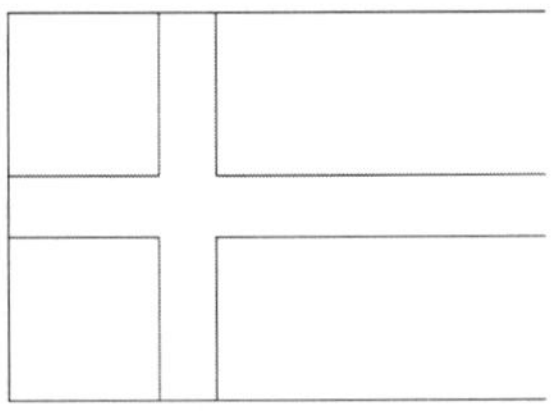

Ländername	Königreich Schweden
Hauptstadt	Stockholm
Fläche	~ 450.000 km²
Einwohner	~ 10 Millionen
Sprachen	schwedisch
Währung	Krone / 1 Euro ~ 9 Sks
Beitritt	1995

Schweden ist eines der waldreichsten Länder Europas. Der nördlichste Teil des Landes heißt Lappland. Dort leben die Samen, die heute noch ein Nomadendasein führen. Die Hauptstadt Stockholm besteht aus 14 Inseln, die durch viele Brücken verbunden sind. Schweden exportiert Kraftfahrzeuge, Maschinenbauerzeugnisse, Stahl, elektronische Geräte, Kommunikationsausrüstung und Papierwaren.

Von Schweden aus ging Nils Holgersson auf seine Reise mit den Wildgänsen. Auch Pippi Langstrumpf stammt aus Schweden. Astrid Lindgren heißt die Schriftstellerin, die noch viele weitere spannende Geschichten schrieb.

XVII. Die fünfte Erweiterung (2004)

Im Jahr 2004 wuchs die EU mit der „Osterweiterung“ gleich um 10 Länder!

Estland

Ländername	Republik Estland
Hauptstadt	Tallinn
Fläche	~ 45.000 km²
Einwohner	~ 1,3 Millionen
Sprachen	estnisch, russisch
Währung	Euro
Beitritt	2004

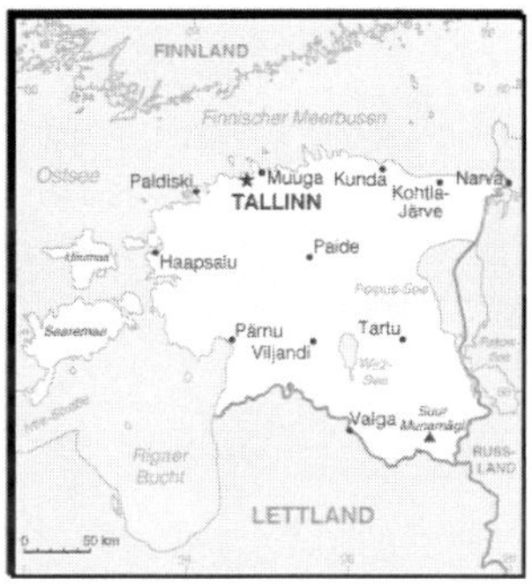

Die Hauptstadt Tallinn ist eine der am besten erhaltenen mittelalterlichen Städte Europas – sicher mit ein Grund dafür, dass der Tourismus 15 % des estnischen Bruttoinlandsprodukts ausmacht. Die wichtigsten Wirtschaftszweige sind Maschinenbau, Lebensmittel, Metallerzeugnisse, chemische Stoffe und Holzerzeugnisse.

Lettland

Ländername	Republik Lettland
Hauptstadt	Riga
Fläche	~ 64.600 km²
Einwohner	~ 2 Millionen
Sprachen	lettisch
Währung	Euro
Beitritt	2004

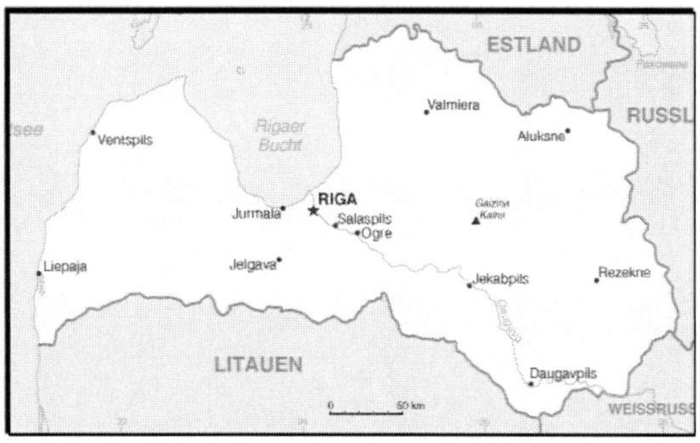

Das Land besteht größtenteils aus Tiefebenen sowie ausgedehnten Wäldern, die über einen großen Wildtierbestand verfügen und Holz für das Baugewerbe und die Papierindustrie liefern. Daneben werden in Lettland Verbrauchsgüter, Textilien und Maschinenwerkzeuge produziert. Auch der Tourismus spielt in Lettland eine wichtige Rolle.

XVII. Die fünfte Erweiterung (2004)

Litauen

Ländername	Republik Litauen
Hauptstadt	Wilna
Fläche	~ 65.200 km²
Einwohner	~ 3 Millionen
Sprachen	litauisch
Währung	Litas / 1 Euro ~ 3,5 Litas
Beitritt	2004

Litauen ist der südlichste und zugleich der größte und bevölkerungsreichste der drei baltischen Staaten. Fast ein Drittel des Landes ist von Wald bedeckt. Handel und Dienstleistung, Industrie und Land- und Fischereiwirtschaft sind die wichtigsten Erwerbsquellen.

Polen

Ländername	Republik Polen
Hauptstadt	Warschau
Fläche	~ 312.000 km²
Einwohner	~ 38,2 Millionen
Sprachen	polnisch
Währung	Zloty / 1 Euro ~ 4,20 Zloty
Beitritt	2004

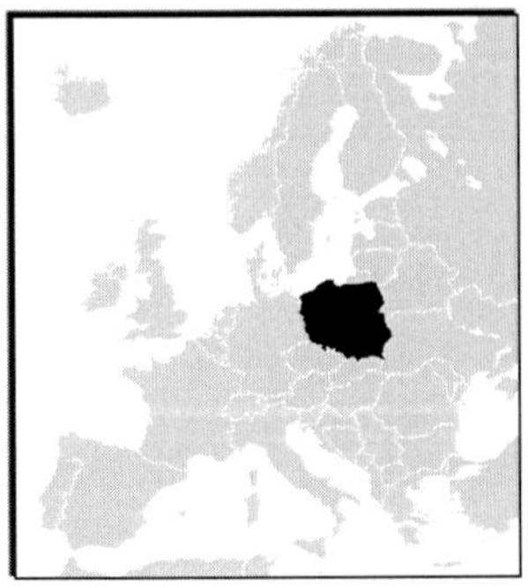

Polen ist der größte Staat, der 2004 der Europäischen Union beigetreten ist. Der Norden Polens besteht fast nur aus Flachland, während die Gebirgskette der Karpaten (einschließlich der Tatra) die südliche Grenze bildet. Die Masuren sind das größte und am stärksten besuchte Seengebiet in Polen.

Polen besitzt Bodenschätze wie Kohle, Kupfer und Silber. Die Fördergebiete befinden sich vorwiegend im Süden und Osten des Landes. Dort haben sich auch große Eisen- und Stahlwerke angesiedelt, an der Küste gibt es große Schiffswerften. Hinzu kommen die Textil-, Elektro- und Automobilindustrie. Polen ist für ausländische Firmen als Standort attraktiv, weil die Löhne im Land nicht zu hoch sind. Seit dem Beitritt Polens zur Europäischen Union hat das Land ein moderates Wirtschafswachstum. Besonders der Dienstleistungssektor befindet sich im Aufschwung.

XVII. Die fünfte Erweiterung (2004)

Slowenien

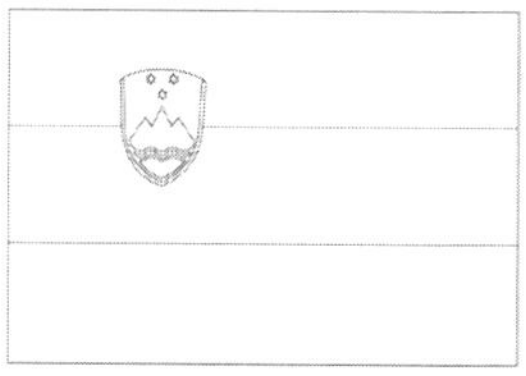

Ländername	Republik Slowenien
Hauptstadt	Ljubljana
Fläche	~ 20.200 km²
Einwohner	~ 2 Millionen
Sprachen	slowenisch
Währung	Euro
Beitritt	2004

Das Land Slowenien erstreckt sich von der Adria bis zu den Ausläufern der Alpen. Dieser junge Staat ging aus dem ehemaligen Jugoslawien hervor und ist seit 1991 unabhängig.

Slowenien ist wirtschaftlich deutlich stärker entwickelt als die übrigen Staaten, die aus dem zerfallenen Jugoslawien hervorgingen. Die wichtigsten Industriezweige sind die Fertigung von Kraftfahrzeugteilen, chemische Erzeugnisse, Elektronik, elektrische Geräte, Metallwaren, Textilien und Möbel.

Ungarn

Ländername	Ungarn
Hauptstadt	Budapest
Fläche	~ 93.000 km²
Einwohner	~ 10 Millionen
Sprachen	ungarisch
Währung	Forint / 1 Euro ~ 300 Forint
Beitritt	2004

Zu den wichtigsten Ausfuhrgütern gehören elektrische und elektronische Geräte, Maschinen, Nahrungsmittel und Chemikalien. Der Plattensee (Balaton), ist ein beliebtes Urlaubsziel. Weiter kennen wir von Ungarn die Puszta, eine Steppenlandschaft und den leckeren Gulasch. Bekannte Komponisten aus dem Land sind Franz Liszt und Franz Lehar.

Lernwerkstatt EUROPÄISCHE UNION
Mehr als nur ein Staatenverbund! – Bestell-Nr. 11 601
KOHL VERLAG

XVII. Die fünfte Erweiterung (2004)

Tschechien

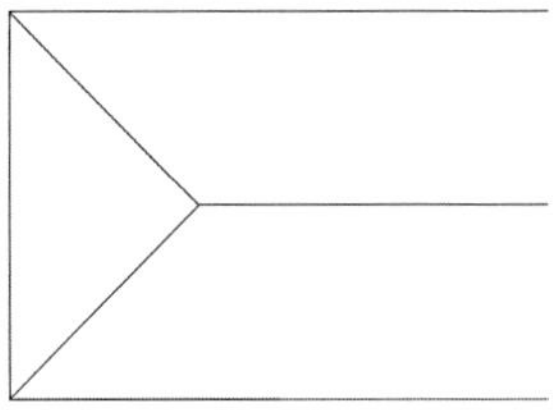

Ländername	Tschechische Republik
Hauptstadt	Prag
Fläche	~ 78.900 km²
Einwohner	~ 10,5 Millionen
Sprachen	tschechisch
Währung	Tschechische Krone / 1 Euro ~ 27 CZK
Beitritt	2004

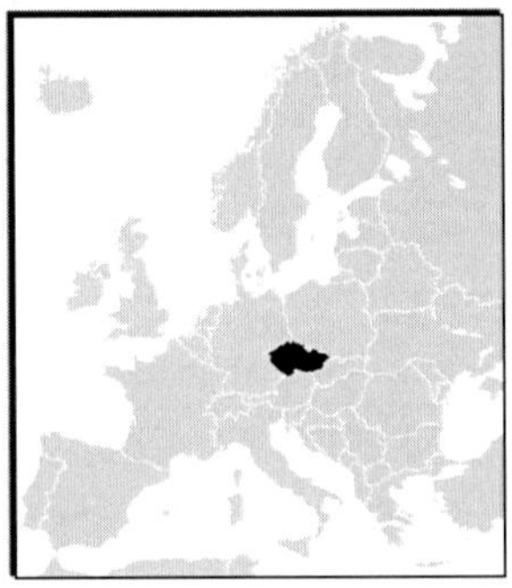

95 % des Landes bestehen aus Hügeln und Bergen. Somit bietet es ideale Voraussetzungen für Skifahrer, Mountainbiker und Bergwanderer. Die Hauptstadt Prag wird wegen der vielen Kirchen und alten Bauten mit den goldenen Kuppeln und Dächern auch die goldene Stadt genannt. Sie liegt an der Moldau. Die Automobilindustrie und die Maschinenbauindustrie sind wichtige Wirtschaftszweige. Die Landwirtschaft konzentriert sich auf den Anbau von Mais, Zuckerrüben, Kartoffeln, Weizen, Gerste und Roggen. Nicht zu vergessen das tschechische Bier! Beliebt sind die tschechischen Kinderfilme. Und wer kennt ihn nicht, „Pan Tau" oder auch den Maulwurf unserer „Sendung mit der Maus". Beide sind in Tschechien entstanden.

Slowakei

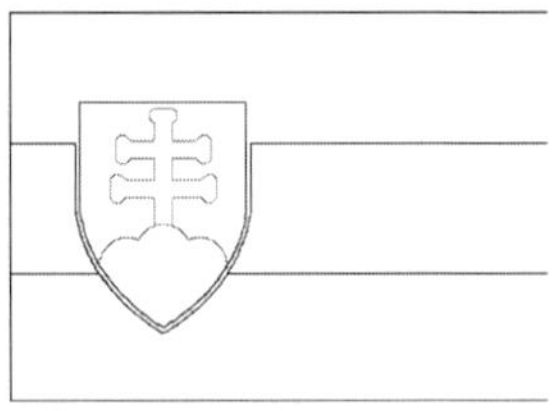

Ländername	Slowakische Republik
Hauptstadt	Bratislava
Fläche	~ 49.000 km²
Einwohner	~ 5,5 Millionen
Sprachen	slowakisch
Währung	Euro
Beitritt	2004

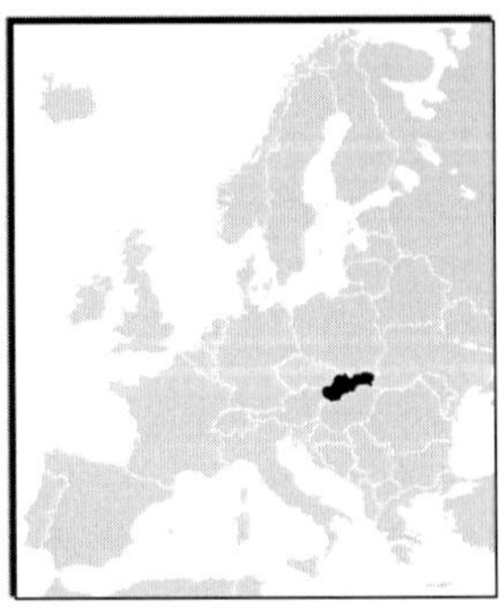

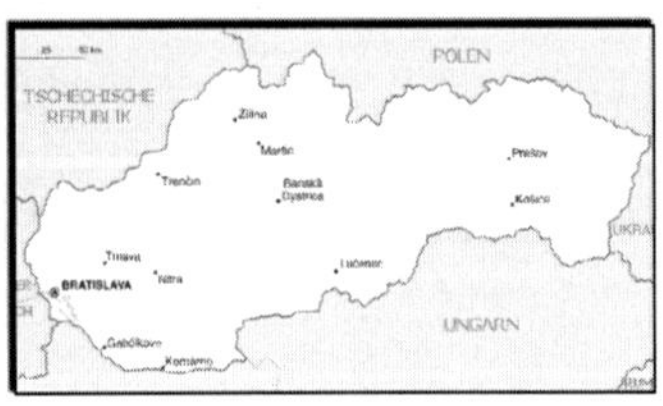

Tschechien und die Slowakei bildeten im letzten Jahrhundert gemeinsam die Tschechoslowakei. 1993 teilten sich die Länder friedlich.

Die Gebirgskette der Karpaten erstreckt sich über die Nordhälfte des Landes und umfasst auch die Hohe Tatra – ein beliebtes Skigebiet. Die Gebirge in der Slowakei sind auch berühmt für ihre vielen Höhlen.

In den fruchtbaren Donauebenen werden Weizen, Gerste, Kartoffeln, Zuckerrüben, Obst, Tabak und Trauben angebaut. Die Hauptstadt Bratislava (Pressburg) liegt in einem Länderdreieck an der Donau zu Österreich und Ungarn.

XVII. Die fünfte Erweiterung (2004)

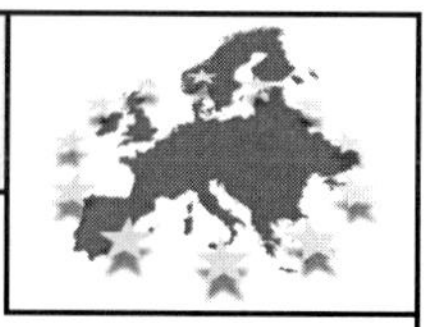

Malta

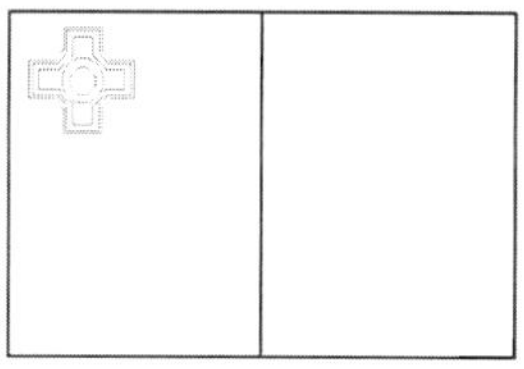

Ländername	Republik Malta
Hauptstadt	Valetta
Fläche	~ 316 km²
Einwohner	~ 520.000
Sprachen	maltesisch, englisch
Währung	Euro
Beitritt	2004

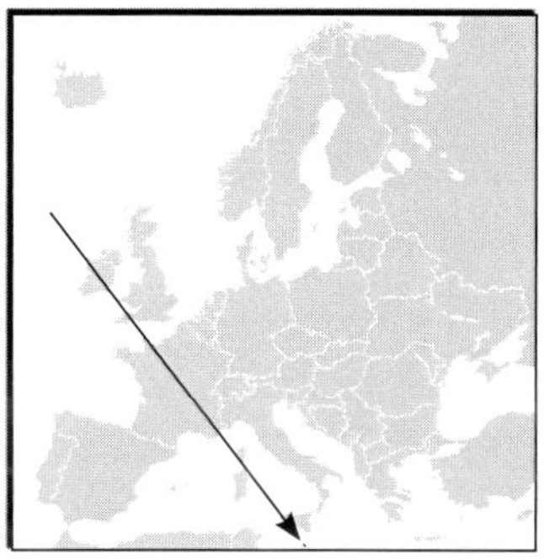

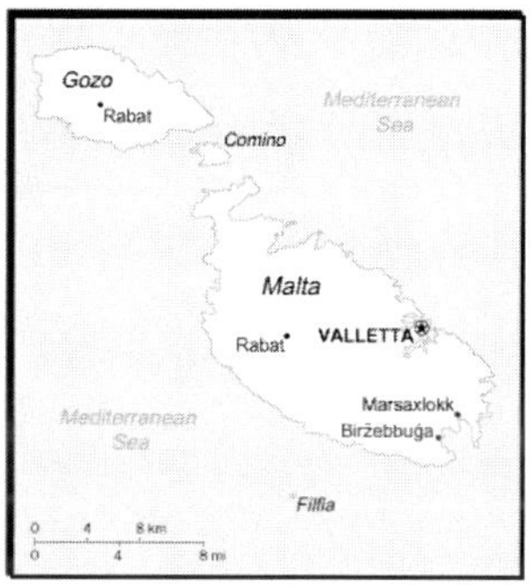

Malta ist der südlichste und kleinste Staat Europas. Er besteht aus einer Gruppe von sieben Inseln im Mittelmeer. Nur die drei größten Inseln – Malta, Gozo und Comino – sind bewohnt. Malta ist flach und felsig.

Tourismus spielt auf Malta eine große Rolle, aber auch der Dienstleistungssektor gewinnt auf der Insel an Bedeutung. Viele ausländische Firmen (z.B. Playmobil) arbeiten auf Malta, weil der Staat ihnen im Vergleich zu anderen Ländern niedrige Steuern gewährt. Maltas Wirtschaft ist robust und mit stabilem Wachstum ausgestattet.

Zypern

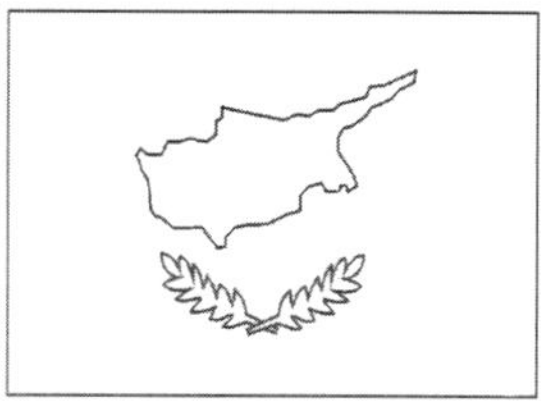

Ländername	Republik Zypern
Hauptstadt	Nikosia
Fläche	~ 9.25 km²
Einwohner	~ 1,12 Millionen
Sprachen	griechisch, türkisch
Währung	Euro
Beitritt	2004

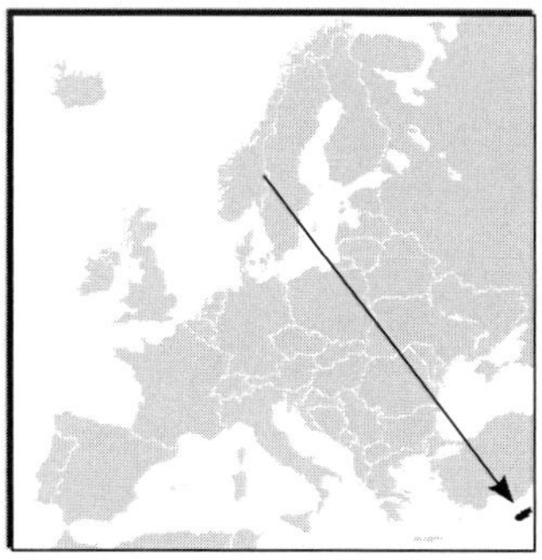

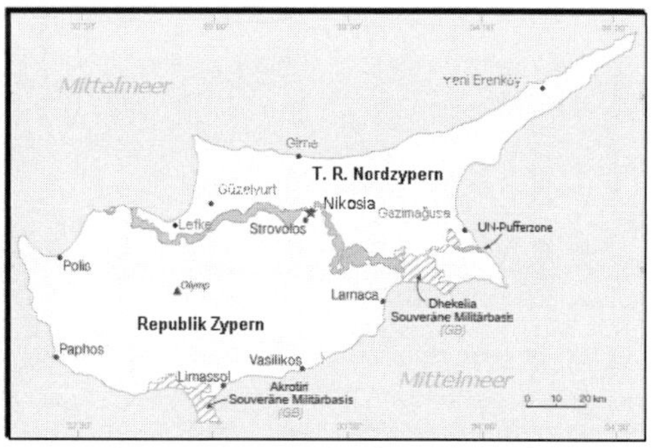

Der Inselstaat liegt im östlichen Mittelmeer. Zypern ist noch immer ein geteiltes Land, getrennt in den griechischen Süden, der der EU beigetreten ist, und den türkischen Norden. Die zwei Olivenzweige in der Flagge sollen den Frieden zwischen Türken und Griechen darstellen. Die bedeutendsten Wirtschaftszweige Zyperns sind der Tourismus, die Ausfuhr von Kleidung und Kunsthandwerk sowie die Handelsschifffahrt.

Zypern ist in der Wirtschaftskrise enorm unter Druck geraden und hat große finanzielle Hilfen erhalten.

Lernwerkstatt EUROPÄISCHE UNION
Mehr als nur ein Staatenverbund! – Bestell-Nr. 11 601
KOHL VERLAG

XVII. Die fünfte Erweiterung (2004)

EA

Aufgabe 1: *Löse das Kreuzworträtsel zu den Ländern der Osterweiterung. Die Buchstaben in den grauen Kästchen ergeben ein Lösungswort.*

a) Die Hauptstadt dieses Landes heißt Budapest.

b) Dieses Land führte 2014 den Euro ein.

c) Zusammen mit Tschechien bildete dieses Land früher die Tschechoslowakei.

d) Das ist das größte Land der baltischen Staaten.

Prag, die „Goldene Stadt“

e) Hier gilt als Währung der Zloty, die Hauptstadt heißt Warschau.

f) Das ist das kleinste Mitgliedsland der europäischen Union.

g) Dieses Land erstreckt sich von der Adria (Teil des Mittelmeers) bis zu den Alpen.

h) Das ist der nördlichste Staat der baltischen Länder mit der Hauptstadt Tallin.

i) Dieses Land liegt auf einer geteilten Insel.

j) Dieses Land mit der „Goldenen Stadt“ grenzt an Österreich und Deutschland.

Lösungswort: _ _ _ _ _ _ _ _ _ _ _ _ _ _ _ _

Lernwerkstatt EUROPÄISCHE UNION
Mehr als nur ein Staatenverbund! – Bestell-Nr. 11 601
KOHL VERLAG

XVIII. Die sechste Erweiterung (2007)

Im Jahr 2007 kamen dann erneut zwei weitere Staaten aus dem Osten Europas hinzu:

Bulgarien

Ländername	Republik Bulgarien
Hauptstadt	Sofia
Fläche	~ 112.000 km²
Einwohner	~ 6,5 Millionen
Sprachen	bulgarisch
Währung	Lew / 1 Euro ~ 2 Lew
Beitritt	2007

Im Norden Bulgariens liegen die ausgedehnten Donauebenen, im Süden finden sich Hochebenen und Bergland. Im Osten zieht die Küste des Schwarzen Meeres das ganze Jahr über Touristen an, die eine wichtige Einnahmequelle für das Land darstellen. Die wichtigsten Exportgüter Bulgariens sind gewerbliche Waren, Nahrungsmittel und Weine.

Drei Viertel der Bulgaren waren für den EU-Beitritt, weil sie sich davon höhere Einkommen und Pensionen sowie Arbeitsmöglichkeiten in anderen EU-Staaten versprachen. Die Politik erwartete hohe Fördergelder.

Viele Bulgaren verließen nach 1990 sowie nach dem EU-Beitritt das Land und ließen sich in verschiedenen westeuropäischen Ländern nieder, vor allem in Spanien, Italien und Deutschland. Bulgarien verliert aufgrund von Auswanderung, niedriger Geburtenrate und einer relativ niedrigen Lebenserwartung jedes Jahr Einwohner. Bis 2050 könnte die Einwohnerzahl auf 5,4 Millionen absinken.

Varna ist nach Sofia und Plowdiw die drittgrößte Stadt Bulgariens und die wichtigste bulgarische Hafenstadt am Schwarzen Meer. Varna verfügt über einen internationalen Flughafen und besitzt zudem einen der größten Häfen Bulgariens. Darüber hinaus bietet die Stadt mit ihrem warmen Klima und dem langen Sandstrand ein überaus beliebtes Ferienziel für Urlauber aus der ganzen Welt.

EA

Aufgabe 1:

a) *Bulgarien hat 5 Nachbarländer. Nenne sie und finde zu jedem die Hauptstadt.*

b) *Der bekannte Künstler Christo wurde als Christo Vladimirov Javacheff in Bulgarien geboren. Wodurch wurde er vor etwa 20 Jahren in Deutschland berühmt?*

c) *Viele Bulgaren kommen nach Deutschland. Warum?*

XVIII. Die sechste Erweiterung (2007)

Rumänien

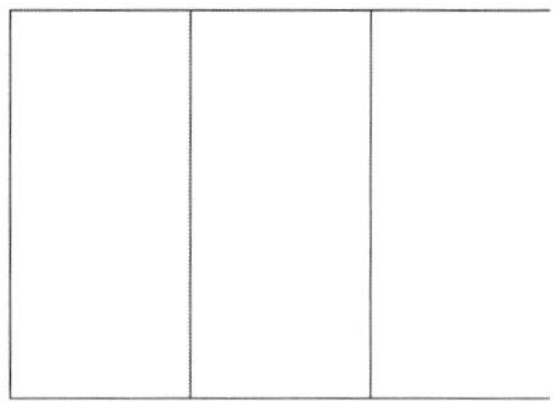

Ländername	Rumänien
Hauptstadt	Bukarest
Fläche	~ 238.000 km²
Einwohner	~ 19 Millionen
Sprachen	rumänisch
Währung	Leu / 1 Euro ~ 2 Leu
Beitritt	2007

Rumänien entstand erst durch den Zusammenschluss der Fürstentümer Walachei und Moldau im Jahr 1862. Damals wurde Bukarest Hauptstadt des Landes.

Der Norden Rumäniens ist bergig, im Süden liegt das Donautal mit seinem weiten Delta zum Schwarzen Meer. Rumänien verfügt über beträchtliche Vorkommen an Bodenschätzen wie Öl, Erdgas, Kohle, Eisen, Kupfer und Bauxit. Die Metall-Verarbeitung, die Petrochemie und der Maschinenbau sind die wichtigsten Industriezweige des Landes.

Rumänien ist ein armes Land, das seinen Bürgern nur bescheidene Möglichkeiten bieten kann. Deswegen zieht es viele qualifizierte Rumänen in die reicheren Mitgliedsstaaten, um dort zu arbeiten und ausreichend Geld zum Leben zu verdienen.

Die Region Transsilvanien, auch Siebenbürgen genannt, gehört seit Ende des Ersten Weltkriegs zu Rumänien. Dort gibt es das größte zusammenhängende Waldgebiet Europas, in dem heute noch Bären, Luchse und Wölfe leben.

Transsilvanien ist auch die Heimat des berühmten Graf Dracula. Das einzig Wahre an der Vampir-Geschichte ist, dass es im 15. Jahrhundert tatsächlich einen Fürsten namens Vlad Tepes Draculea gegeben hat. Er diente als Vorbild für die bekannte Vampirstory.

Das Donaudelta an der Mündung zum Schwarzen Meer steht als Weltnaturerbe der UNESCO seit 1993 unter Schutz: Hier fließt die Donau nach einer 2860 Kilometer langen Reise von ihrer Quelle im Schwarzwald in das Schwarze Meer. Sie bildet ein Wildreservat für unzählige einheimische Vogelarten und Zugvögel.

EA

Aufgabe 2: *Hier sind die Wirtschaftszweige und die Bodenschätze Rumäniens aufgeschrieben. Nur leider völlig durcheinander. Notiere sie richtig.*

pferku – tromiechepe – tallem – beitarverung –
xaubit – sergad – schinenbauma – holek – lö – siene

____

____

XIX. Die siebte Erweiterung (2013)

Das gegenwärtig jüngste Mitglied stieß 2013 zur Europäischen Union:

Kroatien

Ländername	Republik Kroatien
Hauptstadt	Zagreb
Fläche	~ 56.500 km²
Einwohner	~ 3,8 Millionen
Sprachen	kroatisch
Währung	Euro
Beitritt	2013

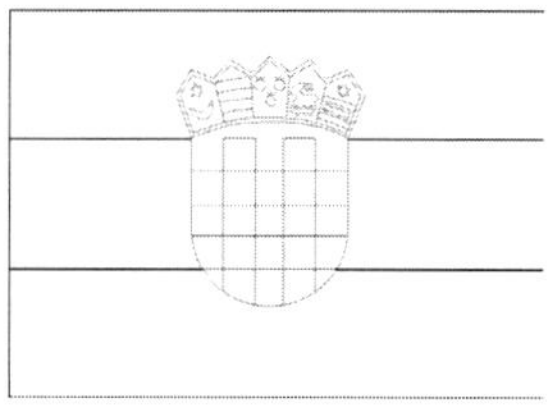

Kroatien ist ein Balkanstaat im südöstlichen Europa. Das Land ist überwiegend Tiefland. Seine Berge und insbesondere seine Strände ziehen viele Besucher an. Daneben gibt es in Kroatien über 1000 Inseln, von denen aber nur knapp 50 bewohnt sind. Besonders Eisen- und Stahlwerke, Schiffswerften, Erdölraffinerien und Textilindustrien sorgen für Einnahmen. Kroatiens Wirtschaft hat während des Balkankrieges nach dem Zerfall des ehemaligen Jugoslawien schwere wirtschaftliche Schäden hinnehmen müssen. Zuletzt erholte sich die wirtschaftliche Situation des Landes einigermaßen. Dennoch ist Kroatien aktuell auf finanzielle Hilfen aus den EU-Fördertöpfen angewiesen. Im Jahre 2023 löste der Euro die ehemalige Landeswährung „Kuna" ab.

EA

Aufgabe 1: *Beantworte die Fragen und trage die Antworten in das Gitterrätsel ein. Die Buchstaben in den grauen Kästchen ergeben ein Lösungswort.*

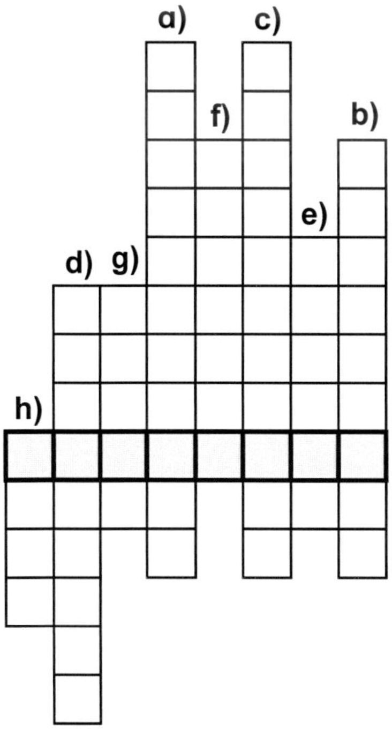

a) Kroatien ist ein weiterer ... .

b) An die kroatische Küste kommen jedes Jahr ... von Touristen.

c) Wodurch wurden große Teile der kroatischen Wirtschaft zerstört?

d) Besonders wichtig für die kroatische Wirtschaft ist der ... .

e) Die Hauptstadt Kroatiens ist ... .

f) Etwa fünf ... der Erwerbstätigen arbeitet in der Landwirtschaft.

g) Kroatien ist der Europäischen ... 2013 beigetreten.

h) Kroatiens Landeswährung vor der Einführung des Euro war der ... .

Lernwerkstatt EUROPÄISCHE UNION
Mehr als nur ein Staatenverbund! – Bestell-Nr. 11 601
KOHL VERLAG

XX. Bedingungen für den EU-Beitritt

Für einen Beitritt in die Europäische Union haben die Staats- und Regierungschefs der EU 1993 bei ihrem Treffen in Kopenhagen drei Voraussetzungen formuliert. Diese so genannten „Kopenhagener Kriterien“ müssen alle Staaten erfüllen, die der EU beitreten wollen:

- Das „politische Kriterium“: Institutionelle Stabilität, demokratische und rechtsstaatliche Ordnung, Wahrung der Menschenrechte sowie Achtung und Schutz von Minderheiten.
- Das „wirtschaftliche Kriterium“: Eine funktionsfähige Marktwirtschaft und die Fähigkeit, dem Wettbewerbsdruck innerhalb des EU-Binnenmarktes standzuhalten.
- Das „Acquis-Kriterium“: Die Fähigkeit, sich die aus einer EU-Mitgliedschaft erwachsenden Verpflichtungen und Ziele zu eigen zu machen, das heißt: Übernahme des gesamten gemeinschaftlichen Rechts, des „gemeinschaftlichen Besitzstandes“.

Die Bedingungen für den Beitritt werden in Abkommen festgelegt. Diese Beitrittsabkommen werden zwischen der Union und den Beitrittskandidaten kapitelweise ausgehandelt. Im Moment sind es 35 Kapitel. Diese Abkommen sind meist Übergangsregelungen, um den Beitritt eines Landes für beide Seiten einfacher zu gestalten. Die Verhandlungen dauern meist mehrere Jahre.

Die EU-Kommission legt jedes Jahr Fortschrittsberichte vor. Darin werden der Stand der Verhandlungen und die Entwicklung des Beitrittslandes an die EU-Anforderungen beschrieben.

Das Europäische Parlament muss dem Beitritt mit der absoluten Mehrheit seiner Mitglieder zustimmen. Danach muss der Rat zustimmen, und zwar einstimmig. Die Staats- und Regierungschefs der EU und der Beitrittsländer unterzeichnen dann die Abkommen. Jedes Beitrittsabkommen muss als völkerrechtlicher Vertrag von den EU-Mitgliedsstaaten und den Beitrittsländern ratifiziert (unterzeichnet, bestätigt) werden. Mit der Hinterlegung der Ratifikationsurkunden ist das Beitrittsverfahren abgeschlossen. Das Beitrittsland wird zum Mitgliedsstaat.

Europäisches Parlament in Straßburg

EA

Aufgabe 1: *Erkläre mit deinen eigenen Worten, welche Bedingungen neue Beitrittsländer erfüllen müssen.*

XXI. Die nächsten Beitrittskandidaten

Auf dem Weg zur Mitgliedschaft

Die EU wird auch weiterhin wachsen: Immer mehr Länder möchten der Europäischen Union angehören. Hierbei wird unterschieden zwischen Kandidatenländern und potenziellen Kandidatenländern. Kandidatenländer sind bereits dabei, die EU-Vorschriften umzusetzen. Potenzielle Kandidatenländer hingegen erfüllen die Voraussetzungen für eine EU-Mitgliedschaft noch nicht.

Die Kandidatenländer:

Türkei

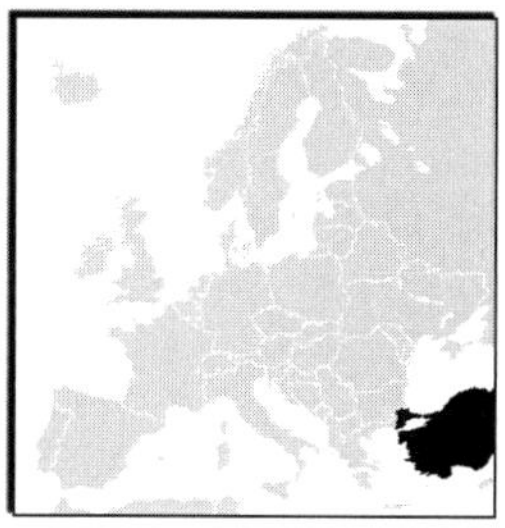

Mit einer Fläche von knapp über 700.000 km² und fast 72 Millionen Einwohnern ist die Türkei ein ganz schön großes Land. Der größte Teil der Türkei gehört geografisch eigentlich zu Asien. Wirtschaftlich ist die Türkei auf einem guten Weg. Doch was Freiheit und Menschenrechte angeht, muss sie noch einiges verbessern, wie die jüngsten Vorkommnisse zeigen.

Serbien

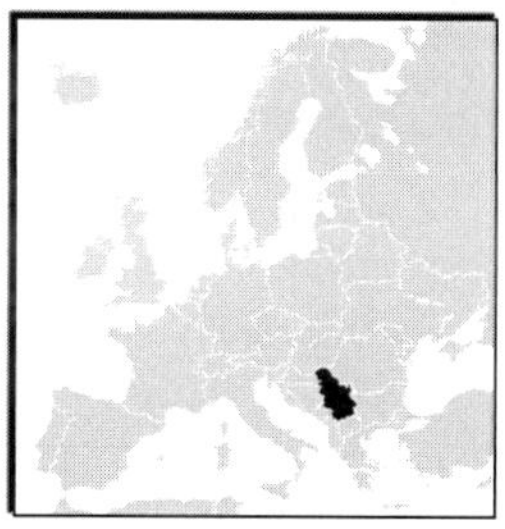

Serbien hat eine Fläche von etwa 77.500 km² und eine Bevölkerung von 7,4 Millionen. Die Hauptstadt ist Belgrad. Hohe Arbeitslosigkeit, niedrige Löhne, eine schwache Justiz und viel Korruption: Probleme gibt es genug hier. Trotzdem hat die EU im Januar 2014 mit den Beitrittsverhandlungen begonnen.

Montenegro

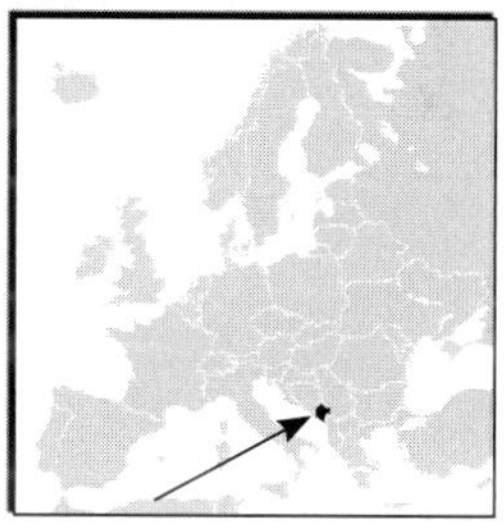

Mit einer Fläche von ca. 14.000 km² und etwa 600.000 Einwohnern ist Montenegro ein kleiner Staat. Die Hauptstadt heißt Podgorica. Auf dem EU-Gipfel im Dezember 2011 wurde Montenegro die Aufnahme von Beitrittsverhandlungen zugesagt. Diese Entscheidung wurde im Juni 2012 offiziell bestätigt.

Nordmazedonien gilt seit 2005 als offizieller Beitrittskandidat. Eine politische Einigung über die Aufnahme von Beitrittsverhandlungen mit Nordmazedonien wurde schließlich im März 2020 erzielt. Aufgrund von eingelegten Vetos verzögerte sich der Beginn der Verhandlungen. Im Juli 2022 wurden die Beitrittsverhandlungen eröffnet.

Alle anderen westlichen Balkanländer sind potenzielle Bewerber: ***Albanien, Bosnien und Herzegowina***, der ***Kosovo***, ***Georgien*** und die ***Republik Moldau***.

Auch die ***Ukraine*** möchte Mitglied der Europäischen Union werden. Es gab auch schon erste Signale an das Land, dass man sich einen Beitritt des großen Landes zumindest vorstellen könnte. Allerdings wird diese Frage aufgrund der kriegerischen Auseinandersetzungen mit dem Nachbarland Russland derzeit nicht konkreter behandelt.

Lernwerkstatt EUROPÄISCHE UNION
Mehr als nur ein Staatenverbund! – Bestell-Nr. 11 601
KOHL VERLAG

XXI. Die nächsten Beitrittskandidaten

EA

Aufgabe 1: *Auf dem Weg zum EU-Beitritt sind eine Reihe von Ländern. Zeichne die Kandidatenländer rot, die potentiellen Kandidaten grün in die Europa-Karte ein.*

EU-Kandidatenländer

- Nordmazedonien
- Montenegro
- Serbien
- Türkei

Potentielle Kandidaten

- Albanien
- Bosnien und Herzegowina
- Kosovo
- Georgien
- Republik Moldau
- Ukraine

EA

Aufgabe 2: „Wenn ich an Frankreich denke, fällt mir als erstes der Eiffelturm ein."

So hat jeder zu anderen Ländern eine bestimmt Vorstellung. Ihr sollt zu den Ländern unten ein Bild von einem bekannten Symbol (ein Gebäude, eine Statue ...) finden. Klebt die Bilder auf ein große Pappe oder ein – zwei Meter Tapete und beschriftet sie. Die Kollage könnt ihr in der Klasse aufhängen.

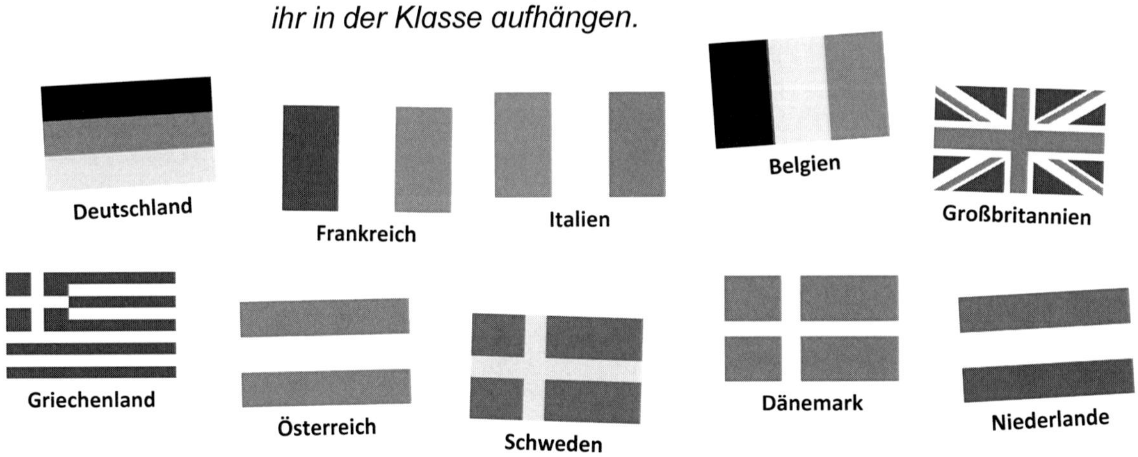

Lernwerkstatt EUROPÄISCHE UNION
Mehr als nur ein Staatenverbund! – Bestell-Nr. 11 601
KOHL VERLAG

XXII. Die Hauptstädte der Europäischen Union

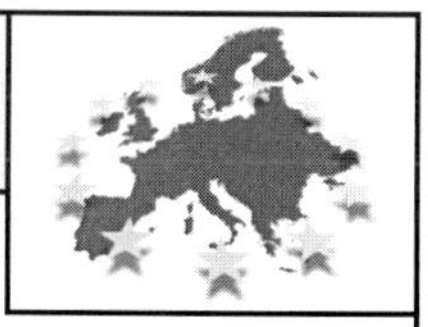

EA

Aufgabe 1: *Verbinde die Hauptstädte mit den richtigen Ländern der Europäischen Union zu. Nimm, wenn nötig, einen Atlas oder das Internet zu Hilfe.*

1951 gründeten 6 Staaten die „Europäische Gemeinschaft für Kohle und Stahl".

Frankreich	Rom
Belgien	Luxemburg
Deutschland	Paris
Niederlande	Amsterdam
Italien	Brüssel
Luxemburg	Berlin

Von 1973 bis 1986 schlossen sich weitere 6 Länder an. Ab 1957 nannten sie sich „Europäische Wirtschaftsgemeinschaft" – EWG

Großbritannien	Athen
Irland	Madrid
Dänemark	Lissabon
Griechenland	London
Spanien	Dublin
Portugal	Kopenhagen

1993 wurde die Europäische Wirtschaftsgemeinschaft zur Europäischen Union. 1995 traten 3 weitere Länder bei:

Österreich	Helsinki
Finnland	Stockholm
Schweden	Wien

2004 traten mit der Osterweiterung 10 Länder bei:

Polen	Prag
Estland	Warschau
Lettland	Vilnius
Litauen	Nikosia
Tschechien	Riga
Slowakei	Tallinn
Ungarn	Ljubljana
Slowenien	Valletta
Malta	Budapest
Zypern	Bratislava

2007 kamen 2 weitere Länder und 2013 nochmal ein Land hinzu:

Bulgarien	Zagreb
Rumänien	Sofia
Kroatien	Bukarest

2020 dann ein Austritt (Brexit):

Großbritannien

Lernwerkstatt EUROPÄISCHE UNION
Mehr als nur ein Staatenverbund! – Bestell-Nr. 11 601
KOHL VERLAG

XXIII. Zusatzmaterial zur Europäischen Union

PA

Aufgabe 1: *Erstellt zu zweit einen Bericht (Portfolio) über die Länder der Europäischen Union. Damit nicht nur die bekannten Länder betrachtet werden, bekommt jedes Paar eine Karte zugeteilt.*

Deutschland **Slowenien**	**Italien** **Litauen**	**Spanien** **Lettland**
Niederlande **Rumänien**	**Österreich** **Polen**	**Belgien** **Slowakei**
Großbritannien ***(2020 Brexit)*** **Tschechien**	**Griechenland** **Estland**	**Frankreich** **Zypern**
Finnland **Ungarn**	**Schweden** **Portugal**	**Luxemburg** **Bulgarien**
Dänemark **Malta**	**Irland** **Kroatien**	

EA

Aufgabe 2: *Nachdem du nun alle Länder der Europäischen Union näher kennen gelernt hast, kannst du folgende Frage beantworten:*
In welchem Land der EU (außer deinem Heimatland) würdest du gerne leben?
Begründe deine Wahl!

Windmühle in Griechenland

GA

Aufgabe 3: *Diskutiert in der Gruppe:*

- *Wie könnte die Zukunft der Europäischen Union aussehen?*
- *Würden zu einer „echten“ Europäischen Union nicht alle Länder Europas gehören?*
  - *Welche Länder weigern sich bislang, der EU beizutreten? Welche Gründe könnten sie dafür haben?*
- *Welche Vorteile ergeben sich aus einer starken Europäischen Union?*
- *Welche Folgen hätte ein Zerfall des europäischen Staatenbundes?*

XXIII. Zusatzmaterial zur Europäischen Union

EA

Aufgabe 4: *Erkläre die folgenden Begriffe mit deinen Worten.*

A	Abgeordnete	
	Außenminister	
B	Bundespräsident	
	Beitrittskandidat	
	Bruttoinlandsprodukt	
D	demokratisch	
F	Fachminister	
	Finanzen	
	Finanzpolitik	
H	Hymne	
K	Kandidat	
	Komitee	
	Kommission	
	Kredit	
	Kultur	
M	Minister	

XXIII. Zusatzmaterial zur Europäischen Union

O	Organe	
	Organisation	
P	Parlament	
	Premierminister	
S	Stabilität	
	Symbole	
	System	
T	Tradition	
U	Union	
W	Währung	
	Wirtschaft	
	Wirtschaftspolitik	
Z	Zoll	

Lernwerkstatt EUROPÄISCHE UNION
Mehr als nur ein Staatenverbund! – Bestell-Nr. 11 601
KOHL VERLAG

XXIV. Die Lösungen

Kapitel I Die Europäische Union

1. Individuelle Lösungen.

2. **Die Flagge der Europäischen Union:** Der Kreis der 12 gelben Sterne auf blauem Grund steht für Einheit, Gemeinschaft und Frieden.

Der Europatag: Am 9. Mai 1950 verkündete der französische Außenminister Robert Schuman erstmals seine Vorstellungen von einem geeinten Europa. Der 9. Mai wird deshalb als Europatag gefeiert.

Das Motto der Europäischen Union: „In Vielfalt geeint". Es besagt, dass sich die Europäer in der EU zusammengeschlossen haben, um sich gemeinsam für Frieden und Wohlstand einzusetzen. Die vielen verschiedenen Kulturen, Traditionen und Sprachen in Europa bereichern den gesamten Kontinent.

Die Hymne der Europäischen Union ist die Melodie „An die Freude" aus Ludwig van Beethovens Neunter Symphonie aus dem Jahr 1823.

Kapitel II So entstand die Europäische Union

1.

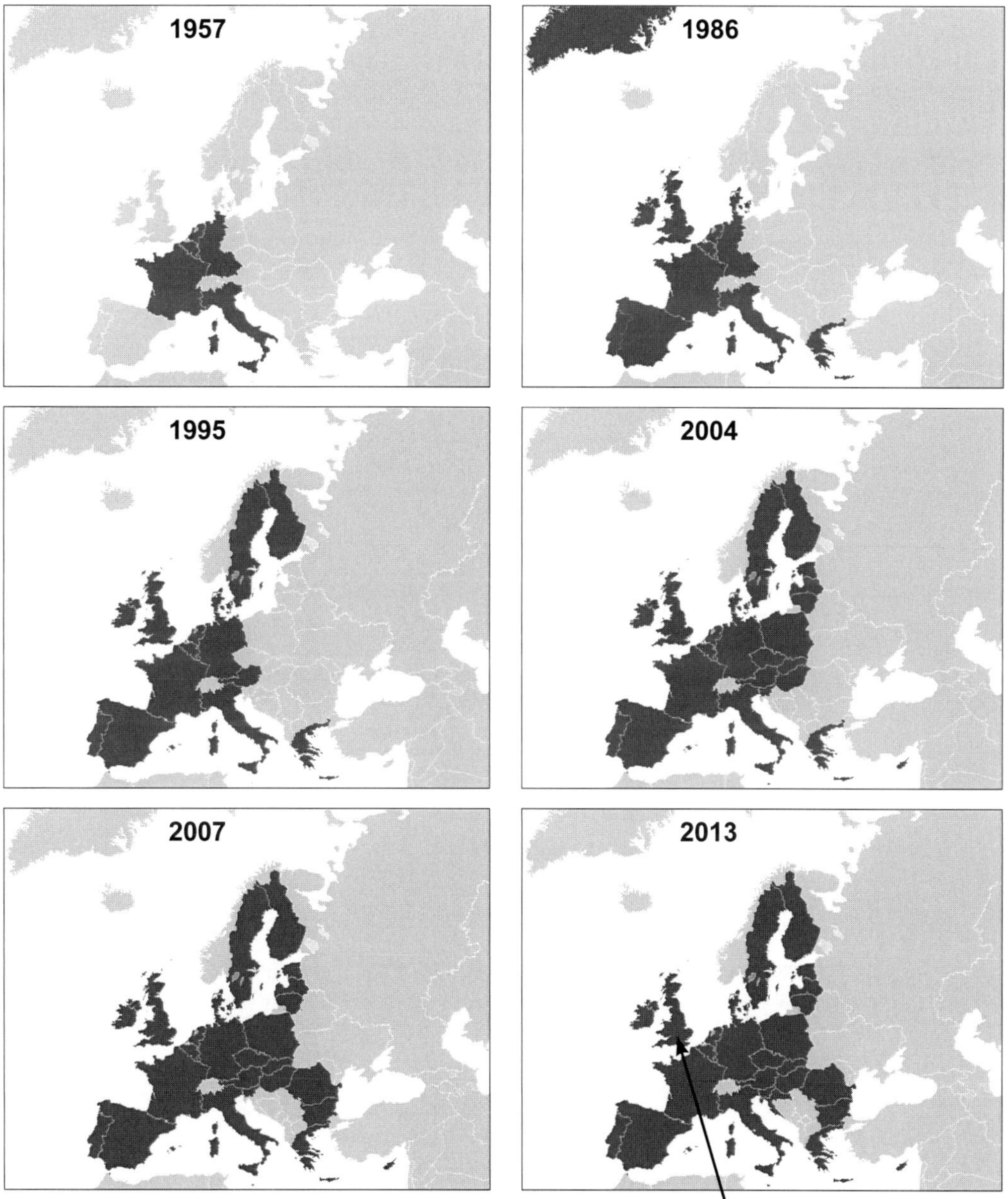

*Seit 2020 gehört **Großbritannien** nicht mehr zur Europäischen Union.*

Lernwerkstatt EUROPÄISCHE UNION
Mehr als nur ein Staatenverbund! – Bestell-Nr. 11 601
KOHL VERLAG

XXIV. Die Lösungen

2.

rot: 10, 11, 12, 13, 14, 21
hellblau: 6, 7*, 8
lila: 24
dunkelgrün: 15, 16
gelb: 1, 2, 19
dunkelblau: 3, 4, 5, 9, 17, 18, 19, 20, 27, 28
orange: 25, 26
hellgrün: 22
schwarz: 7*

**2020: Brexit*

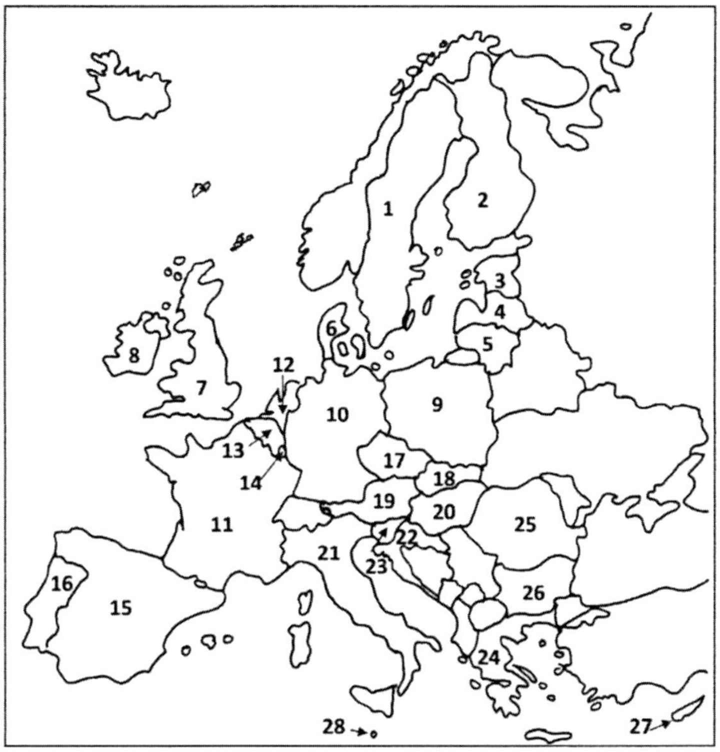

Kapitel III Die Organe der Europäischen Union

1.

Europarat: Der Europarat besteht aus 47 Mitgliedsländern. Sie setzen sich für die Einheit und Zusammenarbeit aller Nationen Europas ein.

Europäischer Rat: Der Europäische Rat besteht aus den Staats- und Regierungschefs der Mitgliedstaaten und dem Präsidenten der EU-Kommission. Es wird über allgemeine politische Ziele und wichtige Einsätze entschieden.

Rat der Europäischen Union: (Ministerrat) setzt sich aus den jeweiligen „Fachministern" der Mitgliedsstaaten zusammen. Er fasst seine Beschlüsse zusammen mit dem Europäischen Parlament.

2.

Europäisches Parlament Straßburg - Frankreich Alle 5 Jahre direkt von den Bürgern gewählt	PARLAMENTUM EUROPAEUM	Europäische Zentralbank (EZB) Frankfurt am Main - Deutschland Soll die stabilen Preise der EU Länder erhalten	EUROPÄISCHE ZENTRALBANK
Europäischer Rat Brüssel - Belgien Präsidenten, Staats- und Regierungschefs		Europäischer Gerichtshof (EuGH) Luxemburg 1 Richter aus jedem Staat und 8 Generalanwälte	CVRIA
Rat der Europäischen Union (Ministerrat) Brüssel - Belgien Fachminister, Vorsitz wechselt jedes ½ Jahr	CONSILIUM	Europäischer Rechnungshof (EuRH) Luxemburg Kontrolliert Einnahmen und Ausgaben	CURIA RATIONUM
Europäische Kommission Brüssel - Belgien 28 Kommissare, aus jedem Land einer	Europäische Kommission		

3.

Europäische Kommission: Sie sorgt für die Durchführung des europäischen Rechts, setzt den Haushalt um und führt beschlossene Förderprogramme durch.

Rat der Europäischen Union (Ministerrat): Der Rat genehmigt mit dem Europäischen Parlament den von der Europäischen Kommission veranschlagten EU-Haushalt, neue Richtlinien werden gemeinsam mit dem Parlament beschlossen. Der Rat kontrolliert die Wirtschafts- und Sozialpolitik zwischen und in den Mitgliedsländern. Es werden internationale Verträge zwischen der EU und anderen Staaten abgeschlossen.

Europäischer Rat: Er erfüllt zwei Aufgaben: Er legt die allgemeinen politischen Ziele und Ansprüche der EU fest und befasst sich mit Themen, die auf einer niedrigeren Ebene nicht geklärt werden können.

Europäisches Parlament: Verabschiedung und Beschluss von EU-Rechtsvorschriften und EU-Haushalt, in Zusammenarbeit mit dem Rat. Dazu kontrolliert es andere EU-Institutionen, insbesondere der Kommission.

Europäische Zentralbank: Sie soll die stabilen Preise der EU Länder erhalten

Europäischer Gerichtshof: Er ist für die Rechtsprechung und Gesetze der EU zuständig.

Europäischer Rechnungshof: Der Europäische Rechnungshof kontrolliert Einnahmen und Ausgaben.

XXIV. Die Lösungen

Kapitel IV Aufgaben der Europäischen Union

1. **1. Säule**

Name: EG

Tätigkeit: Dazu gehören Bildung und Kultur, Umweltschutz, Forschung, Agrarpolitik (Landwirtschaft), Handel und Finanzen, Transport und Verkehr sowie das Gesundheitswesen. Auch die Europäische Atomgesellschaft (Euratom) gehört in dieses Gebiet und regelt die Zusammenarbeit im Gebiet der Kernenergie.

2. Säule

Name: GASP

Tätigkeit: Die GASP steht für die gemeinsame Außen- und Sicherheitspolitik. Zur Außenpolitik gehören die Erhaltung des Friedens, Demokratie und Menschenrechte und die Hilfe für Staaten, die nicht zur EU gehören. Zur Sicherheitspolitik zählen der Kampf gegen den Terrorismus und gemeinsame Truppen.

3. Säule

Name: PJZS

Tätigkeit: Die PJZS regelt die polizeiliche Arbeit, die Zusammenarbeit in Gerichtsprozessen, die Einwanderungs- und Asylpolitik sowie den Kampf gegen organisierte Kriminalität (z.B. Menschen- oder Drogenhandel).

Kapitel V Die gemeinsame Währung – der Euro

1. Diese Länder haben den Euro (noch) nicht eingeführt: Bulgarien, Dänemark, Litauen, Polen, Rumänien, Schweden, Tschechien, Ungarn und Großbritannien.

2. **a)** Man muss kein Geld an der Grenze wechseln und hat eine bessere Übersicht, was die Dinge kosten.
b) Individuelle Lösungen.

3. **a)** Beispiel: 100 € für die Fahrt, 200 € für die Unterkunft, 100 € für Essen und Trinken, 50 € für diverse Eintrittskarten und 50 € Taschengeld.

4. BIP der EU 2021: ~ 14,5 Billionen Euro
BIP der USA 2021: ~21,57 Billionen Euro*
BIP der EU 2022: ~ 15,8 Billionen Euro
BIP der USA 2022: ~23,5 Billionen Euro*

In beiden Fällen hat die USA das geringere BIP.
(Quelle: http://www.finanzen.net/waehrungsrechner/euro_us-dollar)

**Umrechnungskurs: 1 Euro = 1,08 Dollar (Stand: April 2024)*

Kapitel VI Der EU-Binnenmarkt

1. EU-Bürger können in einem anderen Mitgliedsland wohnen, studieren, arbeiten oder ein Unternehmen gründen. EU-Bürger und -Unternehmen dürfen ein Bankkonto im europäischen Ausland eröffnen, ein Haus kaufen und Kredite aufnehmen.

2. **a)** Deutsche Arbeitnehmer sind zu teuer, man nimmt lieber preiswerte ausländische Kollegen. Die Arbeitslosigkeit unter Deutschen, besonders unter den älteren Menschen, steigt.
b) Sie arbeiten lieber für wenig Geld als gar keine Arbeit zu haben. Abgesehen davon ist der Lebensstandard in den ärmeren Ländern geringer, man muss also auch nicht so viel dafür aufwenden.
c) Mit diesem „Billiglohn“ wiederum verstärkt sich das Gefälle zwischen den ärmeren und reichen Staaten der Europäischen Union. Es verhindert eine Angleichung der EU-Länder auf ein einheitliches Niveau.

3. Beispiele:
- Die Auswahl in einem Buchladen in einer Kleinstadt und der Internetriese Amazon.
- Die Metro, die Erzeugnisse aus der ganzen Welt importiert und ein kleiner Hofladen, der nur seine Produkte vermarkten kann.

4. Individuelle Meinungen.

Kapitel VII Die Wirtschafts- und Finanzkrise

1. **a)** Die EU hat darauf hingearbeitet, Wachstum und Beschäftigung zu fördern, Spareinlagen und die Verfügbarkeit erschwinglicher Kredite für Unternehmen und Haushalte zu sichern und die Finanzstabilität zu gewährleisten.
b) Die Regierungen der EU-Länder, die Europäische Zentralbank und die EU-Kommission haben gemeinsam daran gearbeitet.

XXIV. Die Lösungen

Kapitel VIII Das Schengener Abkommen

1. Individuelle Lösungen.

2. Individuelle Lösungen.

3. Belgien, Deutschland, Frankreich, Luxemburg, Niederlande, Portugal, Spanien, Italien, Österreich, Griechenland, Dänemark, Finnland, Island, Norwegen, Schweden, Estland, Lettland, Litauen, Malta, Polen, Slowakei, Slowenien, Tschechien, Ungarn, Schweiz, Liechtenstein

Kapitel IX Die Sprachen in der Europäischen Union

1.

Sprache	Guten Tag	Auf Wiedersehen
Englisch	Good morning.	Good bye!
Französisch	Bonjour!	Au revoir!
Griechisch	Kalimera!	Jassu, jassu!
Italienisch	Buon giorno!	Arrivederci!
Niederländisch	Goede dag!	Tot ziens!
Polnisch	Dzie dobry!	Do widzenia!
Portugiesisch	Bom dia!	Adeus!
Spanisch	Buenos días!	Hasta luego!

Kapitel X Verträge, Verträge

1. Belgien, Deutschland, Frankreich, Italien, Luxemburg und die Niederlande unterzeichneten die Römischen Verträge.

2.
a) Der belgische Außenminister Spaak leitete die Expertengruppe.
b) Die Außenminister-Konferenz Ende Mai 1956 in Venedig fand die Ideen gut.
c) Am 1. Januar 1958 traten die Römischen Verträge in Kraft.

3. Reihenfolge: 1957, 1986, 1992, 1997, 2000, 2007

Die Länder: Italien, Luxemburg, Niederlande, Niederlande, Frankreich, Portugal

Lösungswort: Europa

4.
1951 - Gründung der EKGS
1957 - Gründung der EWG, Römische Verträge
1973 - Großbritannien, Irland und Dänemark treten bei
1981 - Griechenland tritt bei
1986 - Spanien und Portugal treten bei
1992 - Gründung der EU durch den Vertrag von Maastricht
1995 - Beitritt von Schweden, Finnland und Österreich
2002 - Einführung des Euros
2004 - Osterweiterung um 10 Staaten
2007 - Bulgarien und Rumänien treten bei, Vertrag von Lissabon
2013 - Kroatien tritt bei

Du erhältst einen Stern. Sterne sind in der EU-Flagge abgebildet.

Kapitel XI Die Länder der Europäischen Union

1.

1 = Schweden	15 = Spanien
2 = Finnland	16 = Portugal
3 = Estland	17 = Tschechien
4 = Lettland	18 = Slowakei
5 = Litauen	19 = Österreich
6 = Dänemark	20 = Ungarn
7 = Großbritannien	21 = Italien
8 = Irland	22 = Kroatien
9 = Polen	23 = Slowenien
10 = Deutschland	24 = Griechenland
11 = Frankreich	25 = Rumänien
12 = Niederlande	26 = Bulgarien
13 = Belgien	27 = Zypern
14 = Luxemburg	28 = Malta

**Seit 2020 kein Mitglied der EU mehr (Brexit)*

XXIV. Die Lösungen

Kapitel XII Die Gründerstaaten (1951-1952)

1. In Brüssel haben der Europäische Rat, der Rat der Europäischen Union (Ministerrat) und die Europäische Kommission ihren Sitz.

2.
a) Städte in Deutschland mit mehr als 1 Million Einwohner sind Berlin, München, Hamburg und Köln.
b) Die Europäische Zentralbank hat ihren Sitz in Frankfurt am Main.

3.
a) Im Westen liegen die Pyrenäen, im Osten die Alpen.
b) Die Informationstechnologie (Abkürzung IT) umfasst die Entwicklung und Einführung neuer Methoden der Informationsverarbeitung. Als „pharmazeutische Erzeugnisse" gelten Arzneimittel. Pharmazie oder Pharmazeutik, eine Wissenschaft, die sich mit der Beschaffenheit, Wirkung, Entwicklung, Prüfung, Herstellung und Abgabe von Arzneimitteln in der Industrie und den Apotheken befasst.

4.
a) Sizilien, Sardinien und Elba sind die drei großen Inseln Italiens.
b) Die Wörter: Po, Italien, Apennin-Gebirge, Sizilien, Sardinien, Elba, Vatikanstadt Rom, San Marino, Ätna, Europa, Venedig, Pisa
Der Po fließt im Norden Italiens. Durch Italien zieht sich das Apennin-Gebirge. Zu Italien gehören die Inseln Elba, Sardinien und Sizilien. Die kleinen Staaten, die in Italien liegen, sind die Vatikanstadt in Rom und die Republik San Marino. Der Ätna ist der höchste Vulkan Europas. In Venedig fahren Gondeln anstelle Autos. Der schiefe Turm von Pisa ist weltbekannt.

5.
a) Der Regierungssitz der Niederlande ist Den Haag.
b) Texel, Vlieland, Teschelling, Ameland und Schiermonnikog sind die bewohnten Inseln in der Nordsee vor den Niederlanden.

6.
a) Es handelte sich um das Schengener Abkommen.
b) Das Abkommen trat 1995 in Kraft.
c) Es fielen die Grenzkontrollen für Personen und Waren zwischen den Mitgliedsländern des Abkommens weg.

7. **a) - c)**

Nummer	Land	Hauptstadt
1	Deutschland	Berlin
2	Frankreich	Paris
3	Niederlande	Den Haag
4	Belgien	Brüssel
5	Luxemburg	Luxemburg
6	Italien	Rom

d) Italien ist kein Nachbarland von Deutschland.

8.

M	Ü	N	C	H	E	N	K	U	L	O	N	R
A	G	E	N	S	V	E	N	E	D	I	G	O
R	M	A	D	U	I	S	B	U	R	G	I	T
S	A	F	O	L	A	D	A	R	N	E	J	T
E	I	R	O	T	N	I	Z	Z	A	N	E	E
I	L	B	R	S	D	W	U	M	S	T	O	R
L	A	N	T	W	E	R	P	E	N	L	G	D
L	N	A	D	E	N	H	A	A	G	P	I	A
E	D	Y	S	C	H	E	N	G	E	N	U	M

Deutschland: München, Duisburg
Frankreich: Marseille, Nizza
Niederlande: Den Haag, Rotterdam
Belgien: Antwerpen, Gent
Luxemburg: Schengen, Vianden
Italien: Mailand, Venedig

Kapitel XIII Die erste Erweiterung (1973)

1.
a) Dänemark besteht aus Grönland, den Färöer Inseln und Dänemark selber.
b) Der Hauptteil Kopenhagens liegt auf der Insel Seeland.
c) Dänemark liegt zwischen der Ost- und der Nordsee.

2.
a) Die ersten keltischen Einwanderer gelangten um etwa 600 v. Chr. nach Irland. Die keltische Kultur hatte ab diesem Zeitpunkt einen großen Einfluss auf die irische Gesellschaft und findet sich auch in der irischen Sprache wieder. An mehreren Orten in Irland kann man auch heute noch Überreste keltischer Siedlungen besichtigen. Die Druiden waren die Gelehrten der Kelten.
b) Sowohl Irland als auch England und Schottland waren in der ersten Hälfte des 9. Jahrhunderts von den Raubzügen der Wikinger betroffen. Nach und nach begannen die Wikinger Stützpunkte an der irischen Küste zu errichten. Die heutige Hauptstadt Dublin gehörte zu den ersten Wikinger-Städten.
c) Individuelle Antworten.

KOHL VERLAG Lernwerkstatt EUROPÄISCHE UNION Mehr als nur ein Staatenverbund! – Bestell-Nr. 11 601

XXIV. Die Lösungen

Kapitel XIV Die zweite Erweiterung (1981)

1. **a)** Griechenland hat die höchsten Schulden aller EU-Mitgliedsstaaten.
b) Wissenschaftler des antiken Griechenlands waren Sokrates, Platon, Archimedes, Pythagoras, Thales, Demokrit, Hippokrates ...

Kapitel XV Die dritte Erweiterung (1986)

1. Die Azoren (Habichtsinseln) liegen etwa 1400 km westlich von Portugal im Atlantik. Die Hauptinsel heißt Sao Miguel. Als Teil Portugals gehören die Azoren zur EU.
Madeira ist eine Insel, die fast 1000 km südwestlich von Lissabon im Atlantik liegt. Mit mehreren kleineren Inseln gehört sie zur Inselgruppe Madeira. Madeira lebt vom Tourismus und zählt ebenfalls zur EU.

2. **1.** Gibraltar ist ein Überseeterritorium von Großbritannien. Es hat eine eigene Regierung, die alle Bereiche außer Verteidigung, Außenpolitik und innere Sicherheit umfasst. Seit langem kommt es zu Spannungen zwischen England und Spanien, weil Spanien die Hoheit über Gibraltar wiedererlangen möchte. Staatsoberhaupt ist die britische Königin. Sie wird durch einen Gouverneur vertreten.
2. Gibraltar ist der einzige Ort in Europa, an dem Affen freilebend vorkommen. Deswegen nennt man Gibraltar auch den „Affenfelsen".

Kapitel XVI Die vierte Erweiterung (1995)

1. **a)** Der Großglockner ist mit 3798 m der höchste Berg.
b) Der größte See ist der Neusiedler See im Burgenland.
c) Große Städte in Österrreich sind Wien, Graz, Linz, Salzburg und Innsbruck.

Kapitel XVII Die fünfte Erweiterung (2004)

1. **a)** Ungarn; **b)** Lettland; **c)** Slowakei; **d)** Litauen; **e)** Polen; **f)** Malta; **g)** Slowenien; **h)** Estland **i)** Zypern; **j)** Tschechien

<u>Lösungswort</u>: ERWEITERUNG

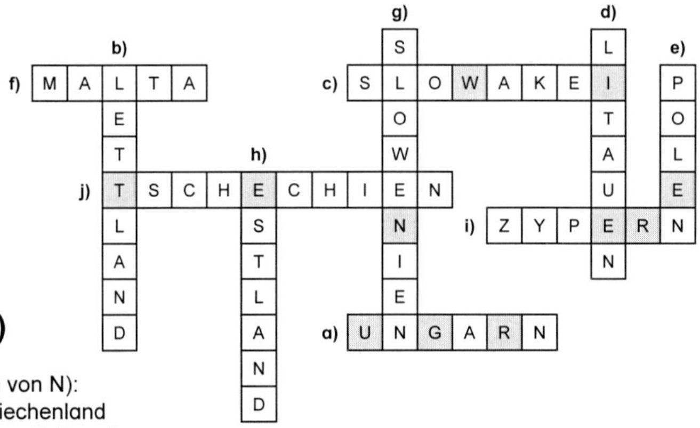

Kapitel XVIII Die sechste Erweiterung (2007)

1. **a)** Die Nachbarländer sind (im Uhrzeigersinn von N): Rumänien (Bukarest), Türkei (Ankara), Griechenland (Athen) Mazedonien (Skopje) sowie Serbien (Belgrad).
b) Christo verhüllte das Reichstagsgebäude in Berlin.
c) Sie erhoffen sich hier eine gute Arbeitsstelle und mehr Lohn als in Bulgarien.

Kapitel XIX Die siebte Erweiterung (2013)

1. **a)** Balkanstaat; **b)** Millionen; **c)** Balkankrieg; **d)** Tourismus; **e)** Zagreb; **f)** Prozent; **g)** Union; **h)** Kuna

<u>Lösungswort</u>: KROATIEN

Kapitel XX Bedingungen für den EU-Beitritt

1. Das Land muss ...
- ... demokratisch sein, das heißt, dass die Einwohner dort frei wählen dürfen, wer sie in der Regierung vertritt und die Menschenrechte achten.
- ... wirtschaftlich und finanziell solide aufgestellt sein.
- ... sich an die EU-Regeln und -Gesetze halten und die Ziele und Pflichten der EU erfüllen.

XXIV. Die Lösungen

Kapitel XXI Die nächsten Beitrittskandidaten

1.

EU-Kandidatenländer

potentielle Kandidaten

Kapitel XXII Die Hauptstädte der Europäischen Union

1.

Frankreich - Paris
Belgien - Brüssel
Deutschland - Berlin
Niederlande - Amsterdam
Italien - Rom
Luxemburg - Luxemburg
Großbritannien* - London
Irland - Dublin
Dänemark - Kopenhagen
Griechenland - Athen
Spanien - Madrid
Portugal - Lissabon
Österreich - Wien
Finnland - Helsinki
Schweden - Stockholm
Polen - Warschau
Estland - Tallin
Lettland - Riga
Litauen - Vilnius
Tschechien - Prag
Slowakei - Bratislava
Ungarn - Budapest
Slowenien - Ljubljana
Malta - Valetta
Zypern - Nikosia
Bulgarien - Sofia
Rumänien - Bukarest
Kroatien - Zagreb

Seit 2020 kein Mitglied der EU mehr (Brexit)

1951 gründeten 6 Staaten die „Europäische Gemeinschaft für Kohle und Stahl".

Frankreich	Rom
Belgien	Luxemburg
Deutschland	Paris
Niederlande	Amsterdam
Italien	Brüssel
Luxemburg	Berlin

Von 1973 bis 1986 schlossen sich weitere 6 Länder an. Ab 1957 nannten sie sich „Europäische Wirtschaftsgemeinschaft" – EWG

Großbritannien	Athen
Irland	Madrid
Dänemark	Lissabon
Griechenland	London
Spanien	Dublin
Portugal	Kopenhagen

1993 wurde die Europäische Wirtschaftsgemeinschaft zur Europäischen Union. 1995 traten 3 weitere Länder bei:

Österreich	Helsinki
Finnland	Stockholm
Schweden	Wien

2004 traten mit der Osterweiterung 10 Länder bei:

Polen	Prag
Estland	Warschau
Lettland	Vilnius
Litauen	Nikosia
Tschechien	Riga
Slowakei	Tallinn
Ungarn	Ljubljana
Slowenien	Valletta
Malta	Budapest
Zypern	Bratislava

2007 kamen 2 weitere Länder und 2013 nochmal ein Land hinzu:

Bulgarien	Zagreb
Rumänien	Sofia
Kroatien	Bukarest

2020 dann ein Austritt (Brexit):

Großbritannien

Kapitel XXIII Zusatzmaterial zur Europäischen Union

1. Individuelle Lösungen.
2. Individuelle Lösungen.

XXIV. Die Lösungen

4.

A	Abgeordnete	Von den Bürgern gewählte Vertreter.
	Außenminister	Minister für Angelegenheiten mit anderen Ländern.
B	Bundespräsident	Der oberste Mann (die oberste Frau) im Staat.
	Beitrittskandidat	Jemand, der sich um den Beitritt bemüht.
	Bruttoinlandsprodukt	Der Gesamtwert aller Güter, Waren und Dienstleistungen, die innerhalb eines Jahres innerhalb der Landesgrenzen einer Volkswirtschaft hergestellt wurden.
D	demokratisch	frei, freiheitlich
F	Fachminister	Ein auf ein bestimmtes Gebiet spezialisierter Minister.
	Finanzen	Einkünfte oder Vermögen (eines Staates).
	Finanzpolitik	Alle Überlegungen und Maßnahmen eines Staates, die mit Geld zu tun haben.
H	Hymne	Dieses feierliche Lied, auch Nationalhymne, hat jedes Land.
K	Kandidat	Anwärter, Bewerber
	Komitee	Eine Gruppe, die mit einer bestimmten Aufgabe betraut ist.
	Kommission	Eine Gruppe von Sachverständigen, Fachleuten.
	Kredit	Eine Anleihe, ein Darlehen, geliehenes Geld.
	Kultur	Lebensweise, Verhalten, auch Herkunft.
M	Minister	Mitglied der Regierung, das einen bestimmten Bereich verwaltet, betreut.
O	Organe	Gruppe von Personen mit bestimmten Aufgaben.
	Organisation	Ein Zusammenschluss, um bestimmte Ziele zu erreichen.
P	Parlament	a) Die gewählten Vertreter des Volkes. b) Das Haus, in dem das Parlament untergebracht ist.
	Premierminister	Der oberste Minister im Staat.
S	Stabilität	Etwas Fest- und Gleichbleibendes.
	Symbole	Kennzeichen, Sinnbild, Merkmal
	System	Die Art, nach der etwas gegliedert oder geordnet ist.
T	Tradition	Brauch, Sitte, Überlieferung
U	Union	Bund, Zusammenschluss
W	Währung	Das Geld eines Landes oder einer Währungsunion (Euroländer).
	Wirtschaft	Alles, was mit Herstellung, Handel und Verbrauch zu tun hat.
	Wirtschaftspolitik	Alle staatlichen Maßnahmen zur Wirtschaft.
Z	Zoll	Gebühr, die man bei Waren zahlt, wenn man sie in ein anderes Land mitnimmt.